Grete   Meisel-Hess

# Weiberhaß und Weiberverachtung

Eine Erwiderung auf die in Dr. Otto Weiningers Buche 'Geschlecht und Charakter'

geäußerten Anschauungen über die Frau und ihre Frage

Grete   Meisel-Hess

**Weiberhaß und Weiberverachtung**
*Eine Erwiderung auf die in Dr. Otto Weiningers Buche 'Geschlecht und Charakter' geäußerten Anschauungen über die Frau und ihre Frage*

ISBN/EAN: 9783337200633

Hergestellt in Europa, USA, Kanada, Australien, Japan

Cover: Foto ©Thomas Meinert / pixelio.de

Weitere Bücher finden Sie auf **www.hansebooks.com**

# VORWORT.

———

En kurzes Vorwort sei an diejenigen gerichtet, denen vielleicht schon der Titel dieser Broschüre Zweifel erweckt an ihrer Berechtigung. Ich hörte vor kurzer Zeit jemanden dies Thema, sowie alles, was mit Feminismus im Zusammenhang steht, als »ausgesungen« bezeichnen. Ausgesungen – abgedroschen. Was wäre darüber noch zu sagen? Diese Ansicht muß umso verblüffender erscheinen, als zur Zeit häufiger denn je dickleibige Werke herauskommen, die i h r Thema, nämlich den Antifeminismus, der in seiner extremsten Form zum direkten Haß und zur Verachtung des weiblichen Geschlechtes führt, mit einer Gründlichkeit, Hartnäckigkeit, Unermüdlichkeit und Weitschweifigkeit behandeln, die besonders dadurch, daß sie meist auch bemüht ist, aus allen Disziplinen der Wissenschaft Beweise herbeizuholen und nicht selten die Resultate langwieriger Studien für ihren v o r b e s t i m m t e n Zweck mit großem Fleiße zur Stelle schafft, viel Beachtung und Anhängerschaft finden. Und so lange dies der Fall ist, ist auch jede Gegenbewegung berechtigt, besonders wenn das aufgehäufte Material auf der anderen Seite durch gewalttätige Deduktion zu der gewünschten Tendenz zusammengeschmiedet wurde und beinahe Zeile für Zeile nach Widerlegung schreit. Es hieße gewaltsam ersticken, was zur Aussprache drängt, wollte man unter solchen Umständen ein Thema als »ausgesungen« betrachten, besonders wenn ein Werk in den weitesten Kreisen Beachtung gefunden hat, wie das Werk Weiningers. Obwohl der Selbstmord des jungen Philosophen diese Beachtung wesentlich erhöhte, wäre sie ihm jedenfalls auch ohne diesen tragischen Anlaß in hohem Maße zuteil geworden, schon durch seine ebenso frappierende, als für viele vielleicht verlockende Tendenz einer kaum jemals in solch maßloser Weise geäußerten Weiberverachtung, die auf einem Unterbau schwerwissenschaftlicher Theorien postiert ist. Für solche, die das Werk nicht kennen, möge als Anhaltspunkt nur so viel von seinem Kern im Vorworte erwähnt werden, daß eines seiner Hauptresultate in dem folgenden schönen Ausspruch gipfelt, der noch dazu durch doppelten Fettdruck hervorgehoben ist: »Der tiefststehende Mann steht noch unendlich hoch über dem höchststehenden Weib!«

Mit Wiener Literaturverhältnissen nicht Vertrauten sei hier zur Kenntnis gebracht, daß nach dem Tode des Verfassers das Werk an den hervorragendsten Stellen ausführlich und meist im Tone höchster Bewunderung besprochen wurde; daß seine Wissenschaftlichkeit und Gelehrsamkeit es wie ein Bollwerk umtürmte, so daß auf seinen erstaunlich unwissenschaftlich, sehr realistisch ausgesprochenen Kernpunkt das grelle Licht der Kritik offenbar gar nicht zu fallen wagte. Aber es wäre blind und ungerecht, die große Beachtung, die das Werk fand, nur auf seine Tendenz und auf das große Wissen, das sich in dem Werke ausspricht, zurückzuführen. Nicht zu verkennen vielmehr ist die wahrhaft geniale Veranlagung dieses unglücklichen jungen Mannes, die sich in der tiefen Innerlichkeit, mit der ihm alles und jedes zum Problem wird, offenbart. Aber gleichzeitig haftete diesem merkwürdigen und tiefsinnigen E r l e b e r aller begrifflichen Probleme die verhängnisvolle Schwäche an, daß er sofort jeden Boden verlor, sowie er aus dem Kreis seiner innerlichsten Spekulation heraustrat in die Wirklichkeit: krampfhaft an seinem rauschartigen geistigen Erlebnis festhaltend, geriet er da sofort in dröhnenden Konflikt mit der Realität der Tatsachen. Daher seine verschrobene Wertung lebendiger Fragen, daher die grotesken Resultate, zu denen er in seinem Hauptproblem »Weib« mit seinem Hauptwerk »Geschlecht und Charakter« gelangt ist. Und daher auch kann man ihn wohl nicht als Genie, sondern nur als einen Menschen von eminent genialischer Veranlagung bezeichnen. Denn das Genie bringt etwas hervor, das a n   s i c h eine bleibende Wahrheit, einen neuen Wert für die Menschheit repräsentiert! – Aber gerade die R e s u l t a t e, zu denen Weininger gelangte, tragen den Todeskeim in sich, während nur die Art, w i e er zu ihnen gelangte, ein hochinteressantes, aufregendes, geistiges Schauspiel gewährt.

Ein anderer Einwurf, der mir von einem seiner begeistertsten Anhänger gemacht wurde, lautet merkwürdigerweise dahin, es sei überhaupt kleinlich, gerade Weiningers Verkehrtheiten und Verrennungen in bezug auf das Problem »Weib«, die nicht ernster zu nehmen seien, als die Delirien eines Fieberkranken (!), zum Stoff einer Schrift zu machen. Wie? G e r a d e   d i e s e Ausführungen sollen n i c h t der Kritik unterzogen werden?! Ja, aber warum denn nicht? Daß sie »ohnehin kein Mensch ernst nehme«, ist sicherlich nicht anzunehmen bei einem Werk, das eine so weitgehende Beachtung fand, das jeden Denkenden verführerisch anzieht (wenn es ihn nachher auch wieder umso ehrlicher abstößt). Wären diese Anschauungen und Resultate nur mit u n t e r l a u f e n in einem Hauptwerk anderen Inhalts, anderer Tendenz, dann könnte man sie vielleicht ignorieren; da sie aber Selbstzweck des ganzen Werkes sind, der ganze Bau nur um ihretwillen aufgetürmt wurde, alles was darin ist, nur deshalb vorgeführt wird, um die Beweise zu erbringen für das, was der Autor über das »Weib« zu sagen hat – so ist es doch wohl mehr als begreiflich, wenn man auch an dieses T a t s ä c h l i c h e, was da vorgebracht wird – als Beleg der Verachtung alles Weiblichen – kritisch herantritt. Steht natürlich jemand grundsätzlich auf anderem Boden und verschließt sich g r u n d s ä t z l i c h dieser Argumentation, so wird ihn auch berghoch aufgehäuftes Material nicht überzeugen; ob er jedoch den Autor e h r t, wenn er dessen Aussprüche, gerade soweit sie sich auf Tatsachen beziehen und seine Urteile und Resultate darstellen, von vorneherein zum Stoff einer Polemik so wenig geeignet hält, wie die Delirien eines Fieberkranken, bleibe dahingestellt.

Genialische Veranlagung macht nicht sakrosankt gegen Kritik des Greifbaren, Positiven, das sie hervorbringt. Nur so vielmehr ist die Möglichkeit geboten, jenes sonderbare Phänomen zu begreifen, das in dem Auftreten und in der Erscheinung s o l c h e r großer Intelligenzen liegt, die trotz ihres Reichtums und ihrer Größe unter dem Zeichen der Verheerung stehen. »Alles, was ich geschaffen habe, wird zugrunde gehen müssen, weil es mit bösem Willen geschaffen wurde.« Dieser Ausspruch Weiningers wird in seiner letzten Schrift mitgeteilt. Er mußte – in seinem Sinne – das »Böse wollen«, sowie er s e i n Reich verließ: denn es liegt wie ein Fluch über manchen Menschen, daß sie aus dem ihnen zugewiesenen Element nicht heraus dürfen! Mancher, der stark und zielsicher auf festem Grunde wandelt, scheitert kläglich, so wie er sich darüber erheben will; dem Geiste Weiningers erging es umgekehrt; er war stark in Höhen und Tiefen: aber er verlor sich, sobald er die Erde berührte.

I

n einer Zeit, da die Frauenbewegung, die Arne Gaborg den »größten Gedanken des XIX. Jahrhunderts« genannt hat, ihren Zielen, wenn auch nur schrittweise, immer näher und näher kommt, ist es begreiflich, daß ihr eine Gegenbewegung erwächst, die ihr in stürmischem Tempo an den Leib rückt. Aus den verschiedensten Lagern rekrutieren sich deren Ritter. Hedwig Dohm hat sie in vier Kategorien geteilt[1], die aber der Vielfältigkeit dieser Gruppe durchaus nicht genügen. Zuerst nennt sie die »Altgläubigen«, – das sind die »Rückwärtsglaubenden«, eine Art Mumienanbeter, voll Pietät für den Moder, voll Schauer gegen alles Werdende. Der liebe Gott und »Naturgesetze« (von denen die Wissenschaft nichts weiß) gehören zu ihrem Inventar. Dann die »Herrenrechtler«, die weniger auf den lieben Gott und seine »Gesetze«, als auf ihre eigenen, sehr irdischen Rechte und Vorrechte sich berufen. Bei jeder Gelegenheit betonen sie ihre Superiorität der Frau gegenüber, ängstlich wollten sie an ihr festgehalten wissen – sie ist die letzte Instanz des armen Schluckers, der von andern Männern über die Achsel angesehen wird – denn wäre die Frau nicht dümmer als er, wer wäre es denn?

Als dritten Typus nennt Hedwig Dohm den praktischen Egoisten, den »Geschäfts-Antifeministen«, der die Konkurrentin fürchtet. Jedenfalls ist seine Furcht – die Brotfurcht – begreiflicher als alle anderen Bedenken. Den vierten im Bunde bezeichnet Frau Dohm als den »Ritter der Mater dolorosa«, der den Tempel bedroht sieht, einen imaginären Tempel, in dem das Weib, seiner Ansicht nach, nichts anderes zu tun hat, als durch rührende und anmutige lebende Bilder diese prosaische Welt zu verklären.

Aber diese Ritter des Antifeminismus, die Frau Dohm in ihrem prächtigen, kraftvollen Buche aufzählt, gehören zu der Gruppe der Ungefährlichen; es sind meist Ritter von sehr trauriger Gestalt – sie verführen und blenden kaum irgend jemanden, der nicht von vorneherein ihrer Gesinnung wäre. Gefährlich und verführerisch sind nur die anderen – die Ästhetiker. Dem beängstigenden Problem »Nietzsche und die Frauen« weicht Frau Dohm nicht aus: scharf, ruhig und fest faßt sie den herrlichsten Feind ins Auge, und sie findet die Formel, die die Verirrung des einsamen Großen erklärt, die Begründung für seinen seltsamen Aberglauben, seine naive Fetischliebe zum Haremsystem, diesem Produkte der »ungeheuern Vernunft Asiens«. Woher kommt es, fragt sie sich, daß selbst vornehme, kühne und tiefe Denker sich oft aller Logik, Wissenschaftlichkeit und vor allem Gewissenhaftigkeit (den Tatsachen gegenüber) bar erweisen? Daß sie dann mit Gefühlen, Instinkten, Intuitionen und Wissenschaftlichkeit jonglieren? Nietzsche selbst gibt ihr die Antwort: »Auch große Geister haben nur ihre fünffingerbreite Erfahrung; gleich daneben hört ihr Nachdenken auf und es beginnt ihr unendlich leerer Raum und ihre Dummheit.«

Aber noch verführerischer, noch blendender als der Dichter – kommt der Philosoph. Mittels übersinnlicher Spekulation konstruiert er seine Waffen, und er, der Metaphysiker, wäre der einzig zu fürchtende Feind, weil er sich in Regionen bewegt, in denen sich nicht hart und wahrnehmbar »die Sachen stoßen«, – und je weniger verfolgbar und kontrollierbar seine Hypothesen sind, um so mehr Gläubige finden sie. »A beau mentir qui vient de loin« sagt ein altes französisches Sprichwort. Aber auch er kann dem T a t s ä c h l i c h e n nicht ausweichen, er muß von der abstrakten Theorie zur Wirklichkeit übergehen – und paßt sie nicht in die vorbereiteten Formen und Formeln (die er schon deshalb nicht preisgibt, weil ihn ja ihre Konstruktion unendlich viel Mühe kostete) – so wird ihr einfach Gewalt angetan. Und das ist der Moment, wo er strauchelt, wo er fällt, wo er seinen Nimbus verliert. D r ü c k t da nämlich irgendwo der Schuh, so wird er nicht weggeworfen, bewahre, sondern wie im Aschenbrödelmärchen am lebenden Fuße das abgehackt, was nicht hineinpassen will. Aber die Sache stimmt nicht, sie verrät sich durch eine rote Spur, die selbst kindlichste Einfalt und gutmütigste Gläubigkeit nicht übersehen kann: Ruckediguck, Blut ist im Schuck!

Dieser Fall war der des Dr. Weininger, der jüngst durch Selbstmord seinem Leben ein Ende gemacht hat. Sein Buch »Geschlecht und Charakter« ist eine wahre Encyklopädie der Weiberverachtung. Es ist schwer, gegen einen Toten zu sprechen. Stimmen von jenseits des Lebens gebieten Ehrfurcht und Schweigen. Dies Buch aber ist eine irdische Stimme, und daß sein Schöpfer in einer jener tiefen, entsetzlichen Depressionen, wie sie alle Begabteren, Strebenden und Ringenden kennen – einer Depression, die der Selbstvernichtung unheimlich zutreibt und die zu überwinden ein gewisses Maß p h y s i s c h e r Kraft notwendig ist, die er vielleicht nicht hatte, – seinem Leben ein Ende machte, das verringert die irdische Wirkung des Buches nicht, es erhöht sie vielmehr.

Über das Problem des Selbstmordes selbst – nicht des Weiningerschen, sondern des Selbstmordes im allgemeinen – teilen sich die Meinungen von jeher in zwei Hauptlager: die einen umgeben die freiwillige Abkürzung des eigenen Lebens mit der Heldengloriole – die anderen verdammen sie in Grund und Boden als Feigheit. Es wird mit diesem Probleme ähnlich verfahren wie mit dem der Sexualvorgänge: abwechselnd wird auch dieses in den Himmel gehoben, als göttliches Mysterium empfunden – dann wieder als tierisch und niedrig verdammt und verflucht. Die Wahrheit wird wohl bei beiden Problemen – wie bei so vielem – in der Mitte liegen und sich von Fall zu Fall anders offenbaren.

Jedenfalls wäre der Selbstmord Weiningers, wenn er wirklich seinem Prinzipe einer radikalen Abkehr vom Leben entsprungen sein sollte, wie einige seiner Freunde behaupten (andere sprechen von bösartiger Krankheit, unter der sein ohnedies zerrütteter Körper, der einem nahen Verfall entgegenging, zusammenbrach) – in seiner Art eine heroische Besieglung seiner Anschauungen. A b e r s o l c h e A n s c h a u u n g e n , d i e v o m L e b e n w e g f ü h r e n u n d d e r V e r n i c h t u n g z u f ü h r e n, – sind für das Leben selbst unbrauchbar. Sie mögen kostbar sein für einen mystisch-halluzinativen Jenseitsglauben, vielleicht wonnig wie Haschisch in ihrer berauschenden Wirkung, – aber das Leben selbst kann nur auf T a t s a c h e n bauen, – die wieder neues Leben, neue Wirklichkeit, positives Vorwärtsrücken ergeben.

Nicht gegen den toten Mann soll sich diese Polemik

kehren, – sondern gegen das lebende Buch. Wie dieses Buch die Frage erledigt, die sein und unser eigentliches Thema ist, – dies soll durch kein vorgegriffenes Urteil bezeichnet werden, sondern das Buch selbst möge in seinen markantesten Stellen zum Worte kommen, auf die sich dann die Antwort ergeben wird.

*~*

W esen und Wert der beiden Geschlechter und ihre Beziehungen zu einander bilden das Hauptthema des Buches. Eingeleitet wird dieses Thema durch die Verkündigung eines »neuentdeckten Gesetzes« über die Affinität der Geschlechter. Dieses Gesetz, nach welchem jene Individuen einander anziehen, die gegenseitig die ihnen fehlenden Bruchteile an Männlichkeit und Weiblichkeit komplettieren, hat zur Voraussetzung die Tatsache, daß kein Mensch ganz M (Mann) oder ganz W (Weib) ist, sondern stets auch Anlagen vom andern Geschlechte in sich hat. Daß niemand aus einem Gusse ist und es ganz einheitliche Exemplare irgend einer Art – reine Typen »an sich« – kaum irgendwo gibt, ist eine altbekannte Tatsache, und es liegt kein Grund vor, sie mit tiefgründiger Beredsamkeit auseinander zu setzen, als wäre sie eben erst entdeckt; deswegen aber kann man doch nicht – wie Weininger es tut – die Gesamtheit der Menschen als »sexuelle

Zwischenstufen« bezeichnen, da die Geschlechtsmerkmale bei jedem normalen Individuum genügend überwiegen, um diese Bezeichnung auszuschließen. In fetten Lettern wird auch die uralte Wahrheit vorgebracht, daß es nicht jedem Individuum gleichgültig sei, mit welchem Individuum des anderen Geschlechtes es eine sexuelle Vereinigung eingeht, daß nicht jeder Mann für einen anderen Mann, nicht jedes Weib für ein anderes Weib seinem sexuellen Komplement gegenüber eintreten kann. Ganz gewiß kann nicht irgend ein geschlechtlich begehrtes Individuum durch j e d e s beliebige andere ersetzt werden. Aber daß diese Anziehung gerade darauf beruht, daß das eine Individuum in dem andern die ihm fehlenden Bruchteile an Männlichkeit oder Weiblichkeit sucht – eine Formel, die Weininger etwa so darstellt, daß ein Individuum mit ¾ M + ¼ W sich von einem andern mit ¾ W + ¼ M angezogen fühlen muß, – ist wohl eine etwas naive Deduktion, denn Menschen decken einander nicht wie Zahlen. Grüblerisch und im Entdeckerton wird diese Formel lang und breit demonstriert. Als Prämisse setzt sie die angeblich »von niemand zu bestreitende« Tatsache eines »ganz bestimmten sexuellen Geschmackes« voraus, »der jedes Individuum beherrscht« – und der eben auf dieses »Gesetz« zurückzuführen sei. Diese Tatsache ist aber durchaus zu bestreiten. Nicht jedes Individuum hat nur einen einzigen Typus des anderen Geschlechtes zum Korrelate. Es gibt wohl Leute, die ein bestimmtes sexuelles »Ideal« haben, aber sie sind weitaus in der Minderheit; während hingegen den meisten Menschen, soferne sie gesund und unraffiniert sind, oft die verschiedensten Typen nacheinander recht gut gefallen. Auf den alten Gemeinplatz, daß Gegensätze einander anziehen, scheint die fulminante Entdeckung hinauszulaufen; diese Tatsache stimmt aber nicht öfter als etwa das Gegenteil, so daß zur Annahme eines sie bedingenden Gesetzes die Berechtigung fehlt. Eine fast krankhafte Ablehnung jeder Bezweiflung der eigenen Ausführungen und der durch selbstkonstruierte Prämissen erzielten Resultate macht sich in dem Buche ganz auffällig bemerkbar. So heißt es eben in Bezug auf das besprochene »Gesetz« – mit ängstlicher Beflissenheit schon im vorhinein jeden Widerspruch abwehrend: »... es hat nicht das geringste Unwahrscheinliche an sich; es steht ihm weder in der gewöhnlichen noch in der wissenschaftlich gereiften Erfahrung das g e r i n g s t e entgegen.« (!) Des weiteren wird von dieser gesetzmäßig zu begründen gesuchten sexuellen Anziehung ausgesagt, daß sie fast »ausnahmslos eine gegenseitige ist«. Und das stimmt erst recht nicht! Ein jeder fast strebt nach einem andern als dem, der nach ihm strebt! »Ein Jüngling liebte ein Mädchen – die hat einen anderen erwählt – der andere liebt eine andere – und hat sich mit dieser vermählt.« Eine uralte Geschichte, die ewig neu und wahr bleibt. Und eine Vereinigung ist fast immer auf der einen Seite ein Kompromiss – eine Art Resignation – und glückliche Ausnahmen bestätigen nur diese Regel.

Hochinteressant ist das vielseitige Wissen, welches besonders aus den Disziplinen der Botanik und Mathematik zur Unterstützung der eigenen Thesen herbeigeholt wird und sich auf einem mit sicherer Hand konstruierten Geleise den Zielen und Zwecken, denen es zu dienen bestimmt ist, zubewegt: Ergebnisse einer eminenten, aber nichts weniger als »voraussetzungslosen« Forschung. Solange sich W e i n i n g e r in konstatierender Weise an das rein Wissenschaftliche hält – sei es auch hypothetisch – imponiert der tiefgründige Scharfsinn, mit dem besonders Analogien aus Tier- und Pflanzenreich herbeigezogen werden, um irgend eine Formel, wie eben das interessant, ja künstlerisch gedachte, aber phantastische und unhaltbare Gesetz von der Affinität der Geschlechter zwecks wechselseitigen Ausgleiches von Potentialdifferenzen (nirgends ist die Natur zweckloser, wüstlingshaft verschwenderischer als gerade in der Liebe!) – zu illustrieren. Es fesselt und interessiert die dialektische Gewandtheit, die Agilität des Geistes, die sofort in Zahlen und Ziffern herauszubekommen sucht, – was sie schon als vorgezeugtes Resultat bereithält und auf die der von Weininger selbst zitierte Kantsche Ausspruch von der »Eitelkeit auf das mathematische Gepränge« recht gut zu passen scheint.

Unter das »Gesetz« wird dann auch das Phänomen der Homosexualität subsumiert. Nichts weniger als originell ist die Enthüllung, daß Homosexuelle Merkmale des anderen Geschlechtes im Wesen und auch im äußeren Habitus manchmal aufweisen. Aber es ist geradezu terroristisch, gewisse Züge, Eigenschaften und Anlagen als nur »männliche« oder nur »weibliche« zu bezeichnen, die oftmals weder das eine noch das andere, sondern nur menschliche sind. Wer zum Beispiel unerotische Kollegialität zwischen beiden Geschlechtern befürworte und durchführen könne, habe schon einen starken Einschlag des anderen Geschlechtes in sich – und ist, nach Weininger, gar kein »richtiger« Mann, respektive kein richtiges Weib!

Mit den Worten »richtig«, »echt«, »absolut«, »an sich« wird in Weiningers sämtlichen Ausführungen ein haarsträubender Mißbrauch getrieben. Sie dienen geradezu als Verklausulierungen der »verwirrenden Wirklichkeit« gegenüber dort, wo sich diese – subordinationswidrigerweise – durchaus nicht in das Prokrustesbett seiner Formeln und Gesetze hineinpressen lassen will. Dann war es eben kein »echter« Typus, kein »echter« Jude, kein »echtes« Weib – sondern eine der vielen »Zwischenstufen«!

Er selbst bezeichnet den »Juden an sich« oder das »Weib

an sich« als m e t a p h y s i s c h e  B e g r i f f ę weil sie so echt
(d. h. mit erstaunlichen Defekten und Monstrositäten
behaftet), nach seiner eigenen Aussage – gar nicht
existieren. – Umso verwerflicher muß dann die Irreführung
erscheinen – durch Besprechung der Juden oder der Weiber
– während das Ur-Jüdische und das Ur-Weibliche »an sich«
gemeint sind, – wobei auch noch fraglich bleibt, ob diese
gedachten, konstruierten Typen wirklich die von ihnen
ausgesagten Merkmale aufweisen würden, wenn sie
existierten. Es ist dies eine »Echtheit«, der das Leben und
alle Tendenzen einer natürlichen Vorwärtsbewegung
unausgesetzt entgegenarbeiten, denn jedes Individuum, das
da vorwärts und aufwärts strebt, wird aus der
Beschränkung seiner bloßen nationalen und
Gattungs-»Art« herauszutreten suchen, um dafür immer
m e n s c h l i c h e r , immer kultur-»echter« zu werden.
Schildert daher jemand, wie Weininger, das W e i b l i c h e
und denkt sich diesen Typus in seiner äußersten
Undifferenziertheit (die in einer wilden Urzeit liegt), behaftet
mit allen Lastern und Schwächen seiner speziellen Art – so
hätte er ihm billigerweise das M ä n n l i c h e ebenfalls im
kulturfremden Urzustand als den Typus alles Rohen,
Gewalttätigen, Mörderischen entgegenstellen müssen.[2]

Um aber auf jene »unechten« Männer oder Weiber –
solche z. B., die sich unerotische Kollegialität mit dem
anderen Geschlechte vorstellen können – zurückzukommen,
sei hier eine auf sie bezügliche »Forderung« mitgeteilt, die
Weininger als neu und zuerst von ihm ausgehend
bezeichnet: – und das ist sie in der Tat, – ebenso wie sie an
Monstrosität kaum zu übertreffen ist. Er verurteilt nämlich
den Brauch, daß die Menschen bei ihrer Geburt nach ihren
äußerlichen, primären Geschlechtsmerkmalen in das
Geschlecht, auf welches jene hinweisen, eingereiht werden,
anstatt daß man auf ihre sekundären Geschlechtsmerkmale

(wie Beschaffenheit a n d e r e r Körperteile als der Zeugungsorgane, Anlagen, Neigungen etc.) in Betracht ziehe, bevor man die schicksalsschwere Einreihung vornehme!!! Das ist das Hexeneinmaleins, und wer es ersonnen hat, dem wird eins zu drei und drei zu vier, der verwechselt in geradezu blinder Konfusion alle Beziehungen der Dinge zu einander. Daß die Verschiedenheit zwischen Männlichem und Weiblichem an jedem Körperteile zum Ausdrucke kommt[3], daß z. B. auch ein Mann weibliche Hände oder eine Frau knabenhafte Hüften haben kann, ist eine bekannte Tatsache; daß aber das Geschlecht in den Zeugungsorganen, diesen »Brennpunkten des Willens«, wie sie Schopenhauer genannt hat, k u l m i n i e r t, ist doch wohl eine so einleuchtende Tatsache, daß die Berechtigung, nach ihr das Geschlecht zu bestimmen, wohl nur einem krankhaft verstrickten Geiste zweifelhaft erscheinen kann. Man stelle sich diese neue »Forderung«, die einen köstlichen Stoff für Lustspieldichter darbietet, in W i r k l i c h k e i t durchgeführt vor: vor allem wird die Geschlechtsbestimmung, die jetzt die Hebamme mit echt weiblicher Oberflächlichkeit auf den ersten Blick am Neugeborenen vornimmt, aufgeschoben werden müssen, bis sich die »sekundären« Geschlechtsmerkmale sichtbar entwickelt haben. Also: »Geschlecht unbekannt« wird es fürderhin heißen müssen. Wächst dann das Kind heran und zeigt solche Merkmale, vermag es z. B. als (wahrscheinlicher) Jüngling oder als (wahrscheinliches) Weib kollegialen, unerotischen Umgang mit Altersgenossen des (mutmaßlich) anderen Geschlechtes zu pflegen, so ist es klar, daß es kein »richtiger« Mann, respektive kein »richtiges« Weib ist, und eine Einreihung in das andere Geschlecht, mit dem sich so verdächtig ungefährlich verkehren läßt, scheint geboten. Bei den modernen pädagogischen Tendenzen, die sogar auf Ko-Edukation (gemeinsame Erziehung beider Geschlechter) hinzielen und wahrscheinlich die Möglichkeit einer unerotischen Massenkollegialität, eines von Scheu und Komödie befreiten kameradschaftlichen Verkehres der jungen Menschen untereinander mit sich bringen dürften, – müßte die Umstellung in das andere Geschlecht gleich in Massen erfolgen und die Vertauschung von Höschen und Röckchen am besten wechselseitig vorgenommen werden. Man muß solche Menschen (die unerotische Kollegialität mit dem anderen Geschlechte zu halten vermögen) kennen und sich die »Anregung«, daß sie auf Grund dessen nicht die »schicksalsschwere Einreihung« in ihr Geschlecht erfahren hätten, sondern ins andere übergehen sollten, ausgeführt denken, um die Ulkigkeit eines solchen Effektes voll zu begreifen!

Man würde es nicht für möglich halten, daß in einem Buche, das sich ernsthaft gibt und ernsthaft in den weitesten Kreisen aufgenommen wurde, solche Vorschläge entwickelt werden, man traut seiner Auffassung nicht recht, bis man es mehrfach und unzweideutig wiederholt findet! Der Autor spricht auch – in fetten Lettern – von Individuen, die »zur Hälfte Mann und zur Hälfte Weib sind« (?!), – und nicht in der Pathologie bekannte Spezialfälle meint er damit, nicht bei Barnum & Bailey ausgestellte Mißgeburten, sondern Individuen mit menschlichen Weichheiten (das sind die verweiblichten) oder menschlichen Härten (die vermännlichten), die angeblich auf ihr Geschlecht nicht »passen« und sie daher in das andere verweisen! Das N e u e der eigenen Darlegung wird dabei mit besonderer Deutlichkeit betont, gewöhnlich um irgend etwas besonders Monströses zu verkünden. So sei z. B. die Homosexualität nicht als Anomalie zu betrachten, sondern als die normale Geschlechtlichkeit der sexuellen »Zwischenstufen« (?), indeß »die Extreme nur Idealfälle sind!« (!) Jeder Satz beinahe – Zeile für Zeile – windet neue Irrschlüsse ineinander. Daß bei eingesperrten Stieren oder abgesperrten Menschen (Matrosen, Gefangenen, Mönchen) die Homosexualität gebräuchlich ist, beweist ihm – nicht etwa, daß ein gezwungenes Vorliebnehmenmüssen mangels andersgeschlechtlicher Komplemente sie dazu treibt, sondern – er erblickt darin »eine der stärksten Bestätigungen des aufgestellten Gesetzes der sexuellen Anziehung«. (!)

Der Schlußresolution dieses Kapitels, die dafür eintritt, daß Homosexuelle weder durch das Irrenhaus noch durch das Strafrecht zur Verantwortung zu ziehen sind, sondern man sie einfach Befriedigung suchen lassen soll, wo und wie sie sie finden, ist vollständig beizustimmen, – natürlich nur soferne es sich um E r w a c h s e n e handelt und nicht um die Verführung minderjähriger Kinder. Weininger selbst glaubt nicht an Homosexualität durch Verführung oder Gewohnheit, sondern nur durch angeborene Anlage wie er überhaupt überall w u r z e l h a f t e Anlagen sieht, wo es sich oft um sichtlich Erworbenes, Erzogenes handelt. Er begründet diesen Unglauben an »Verführung« mit einem wahrhaft unglaublichen Argument – nämlich: »Was wäre es dann mit dem e r s t e n Verführer? Würde dieser vom Gotte Hermaphroditos unterwiesen?«

Nachdem uns endlich noch enthüllt wird, daß dem gewöhnlichen, sozusagen dem »normalen« Homosexuellen das typische Bild des Weibes s e i n e r g a n z e n N a t u r n a c h e i n G r e u e l i s t, eine Enthüllung, die umso interessanter ist, als sie den Schlüssel für so manche »wissenschaftlich fundierte« Weiberverachtung enthalten dürfte – wird abschließend von der ganzen eigenen Theorie ausgesagt – »daß sie v ö l l i g w i d e r s p r u c h s l o s und in sich geschlossen erscheint und eine v ö l l i g b e f r i e d i g e n d e Erklärung aller Phänomene ermögliche«. Von der Bescheidenheit, ja Demut, die dem Autor dieses

Buches im persönlichen Verkehr eigen gewesen sein soll, ist jedenfalls in dem Buche selbst nichts zu merken. In vielen Fällen ist ein unsicheres, verschüchtertes Auftreten – eben diese Bescheidenheit – auf Mangel an p h y s i s c h e m Selbstbewußtsein zurückzuführen – und ein umso eifrigerer Grimm gegen eine bestimmte Vorstellung stammt meist aus derselben Quelle.

Recht auffällig macht sich das Bedürfnis bemerkbar, an jeder Erscheinung, sei sie auch noch so einfach und sinnfällig, solange herumzudeuteln bis sie kompliziert und verwickelt erscheint – um dann eine umständliche Lösung dieses selbstgewundenen Knotens vorzunehmen. Das Selbstverständliche – durch sich selbst Verständliche – durch seinen Tatbestand sich Erklärende – scheint ihm weitschweifiger Erklärungen bedürftig – so z. B. die Tatsache, daß kein Mensch ganz so ist wie der andere. Die psychologische Verschiedenheit der Menschen erklärt er damit, – daß jeder Mensch zwischen Mann und Weib »oszilliere«, und der Grad dieser »Oszillation« ergebe ihre Verschiedenheit. Darauf sei auch das wechselnde körperliche Aussehen zurückzuführen!!! So fühlen z. B. »manche Menschen am Abend ›männlicher‹ als am Morgen«; – recht begreiflich ... Die Vergewaltigung aller Erscheinungen durch Formeln, gegen die sich diese meist ihrer ganzen Natur nach s t r ä u b e n, ruft nach und nach den Eindruck einer beherrschenden maniakalischen Vorstellung hervor. Erstaunlich ist die Oberflächlichkeit, mit der die Merkmale der »Männlichkeit« und »Weiblichkeit« aufgezählt werden. So heißt es z. B. als das Merkmal »männlicher« Weiber, daß sie – studieren, Sport treiben u n d – kein Mieder tragen!!! Sollen dies wirklich die Anzeichen »männlicher Anlagen« sein – nicht vielleicht eher d i e R e s u l t a t e e i n e r v e r n ü n f t i g e n P r o p a g a n d a?!

Freilich – Nietzsche hat ja schon in dem

22

Zeitungslesen der Weiber ihre Vermännlichung und damit die »Verhäßlichung Europas« befürchtet! Übrigens tritt Weininger nicht etwa g e g e n diese Vermännlichung auf; nur nennt er Vermännlichung schlechtweg alles, was von rechtswegen Ve r m e n s c h l i c h u n g heißen soll und dem Manne zumindest ebenso nottut wie der Frau. Alle Kultur geht ja dahin, das U r t ü m l i c h e zu differenzieren, das Individuum über die bloße Gattungssphäre emporzuheben und in diesem Sinne soll jede Nur-Weiblichkeit, a b e r a u c h j e d e N u r - M ä n n l i c h k e i t einer verfeinerten und vertieften Menschlichkeit Raum geben; ohne aber das Eigentümliche, U n e r s e t z l i c h e, zum Fortbestand der Gattung Notwendige der eigenen Art und Gattung preiszugeben – wie es Weininger in seinem Haß gegen w e i b l i c h e Art im besonderen und gegen den Fortbestand der Gattung i m w e i t e r e n – verlangt. Daß aber seine blinde Ve r n e i n u n g des Weiblichen ihn in letzter Konsequenz dahinführt, eine allgemeine Vermenschlichung zu befürworten – nennt er sie auch fälschlich »Vermännlichung«, – gibt die Berechtigung, ihn und sein Werk als einen Teil »von jener Kraft, die stets das Böse will und stets das Gute schafft«, zu betrachten.

Nach diesen weitschweifigen Präliminarien kommt der Verfasser endlich zu jener Frage, deren »theoretischer und p r a k t i s c h e r (!) Lösung dieses Buch gewidmet ist« – nämlich zur Frauenfrage – »s o f e r n e s i e n i c h t« – man höre und staune über die merkwürdige Klausel – »theoretisch eine Frage der Ethnologie und Nationalökonomie, also der Sozialwissenschaft im weitesten Sinne, praktisch eine Frage der Rechts- und Wirtschaftsordnung, der sozialen Politik ist«. Das i s t sie aber doch in eminentester Weise! Von ihrem wirtschaftlichen Hintergrunde a b s e h e n, heißt, einen metaphysischen Begriff, der erst in letzter Linie in Betracht kommt, an Stelle des wahrhaft treibenden, ehernen Motives der Frauenbewegung setzen – der gebieterischen, wirtschaftlichen Gründe, – die sich gegenüber dem tragischen Mißverhältnis zwischen blühender, brauchbarer, unbenützter Kraft und materieller Not oder Abhängigkeit nicht mehr länger zurückweisen ließen. Aber nicht die wirtschaftlichen, die gesellschaftlichen, die moralischen Bestrebungen der Frauenbewegung will Weininger als Emanzipation bezeichnet wissen – sondern – (man rate erstaunt, was sonst noch bleibt) – »das Phänomen des Willens der Frau – dem Manne ›innerlich gleich‹ zu werden«. Aber den hat sie ja gar nicht!

Man komme nicht immer wieder mit der abgeschmackten Phrase, die man der Frauenbewegung (und der Sozialdemokratie) fälschlich in den Mund legt und die in der plumpen Formel gipfelt: alle sollen »gleich« sein! Auf Aufhebung aller individuellen Variation, die allein das Leben reizvoll und beziehungsreich gestaltet, zielt weder die Frauenbewegung noch die Sozialdemokratie ab, indem sie gleiche o d e r  e i n a n d e r  a n a l o g e wirtschaftliche und gesellschaftliche Entwicklungsmöglichkeiten für jedes Individuum verlangen. Nach Weininger hat aber das »echte« Weib gar nicht die Fähigkeit zu diesem Emanzipationsziel (das glücklicherweise gar nicht existiert, ihn aber das wahre und rechte dünkt) zu gelangen. Das »echte« Weib ist das, welches kein oder nicht genug »M« in sich hat, während hingegen alle Frauen, die irgendwie geistig oder künstlerisch hervorragen, dies lediglich dem starken Einschlag an »M« danken, der in ihnen steckt! Eine für den, der sie handhabt, ebenso bequeme, als für den, dem sie zugemutet wird, kuriose Logik!

Es scheint wahrlich ein ebenso billiger als terroristischer Spaß – alles das, was klug, tüchtig, hervorragend an Frauen ist (da es nun einmal doch nicht wegzuleugnen und wegzudisputieren geht), dem in ihnen wirksamen Anteil an »M« zuzuschreiben – und alles Kleine, Feige, Schwache der männlichen Menschheit einfach ihren Prozentsatz an »W« zu nennen! Eine Debatte über solch eine These wäre mehr als lächerlich, da das leere Aufeinanderdröhnen selbstkonstruierter Fiktionen sie selbst und ihren Wertgehalt genügend charakterisiert. Wo sich diese Fiktionen gar in der Wirklichkeit nach Beweisen umsehen, werden sie immer erfinderischer und immer humoristischer. So seien z. B. hervorragende, bedeutende Frauen auch durch »ein körperlich dem Manne angenähertes Aussehen« erkennbar! Ein Lachen allein kann die Antwort auf diese Behauptung bilden, der ein einziger Blick in die Wirklichkeit widerspricht.

Diese tiefsinnig vorgebrachte Beobachtung scheint aus »Meggendorfers Illustrierten« geschöpft; jede Bewegung bringt ja gewiß neue Karikaturen mit sich, die in weit übers Ziel hinausschießenden Äußerlichkeiten ihre Gesinnung dokumentieren wollen. So mag es auch kleine Frauenzimmer geben, die einen männlichen Habitus sich anzuzüchten bemüht sind, – um beachtet zu werden. Daß die Bedeutenderen sich unter ihnen befinden, ist rundweg zu verneinen – ebenso die Behauptung, daß körperlich-maskuline Anlagen einer bedeutenden Frau eigen sein müssen und sie als solche »erkennbar« machen. Vielmehr kenne ich hochbedeutende Frauen, die gleichzeitig einen reizenden, berückenden weiblichen Typus repräsentieren. Die deutsche Dichterin, die im vorigen Jahre hier zu Gaste war und die das stärkste deutsche Romantalent der Gegenwart repräsentiert, ein Talent, das an Kraft, Wucht und erschütternder Tiefe seinesgleichen derzeit in Deutschland nicht hat, ist ein entzückendes »molliges Weiberl« (ich wähle absichtlich, um des Kontrastes willen, diesen Ausdruck), eine sieghafte, blonde, rheinische

Schönheit, die nichts »Männliches« in ihrem äußeren Habitus aufweist, man müßte denn (wie Weininger dies tatsächlich auch tut) eine gut entwickelte Stirn, ein prächtiges Schädelgehäuse und vielleicht zwei in Klugheit strahlende schöne Augen a priori als »männlich« bezeichnen.

Zahllose andere schweben mir vor – jene großen Frauen der Bühne – bei denen gerade der Zauber ihres Geschlechtes kulminiert, große, »einsame Seelen« mit echt weiblichen Schicksalen; an eine Bildhauerin muß ich denken, an ihre Werke, an diese gewaltigen Steine, denen eine imponierende Geistigkeit und eine imponierende Kraft S e e l e gegeben, so daß sie zu leben, zu rufen, zu ringen und zu leiden scheinen wie das Leben selbst; und die Person dieser (noch nicht allgemein bekannten) Künstlerin: ein zartes Mädchen von vielleicht allzu zartbesaiteter Weiblichkeit, das fast scheu unter seinen Werken wandelt.

Die »Männlichkeit« im Weibe ist nach Weininger die »Bedingung ihres Höherstehens«, daher auch – man höre! – »homosexuelle Liebe gerade das Weib mehr ehrt als das heterosexuelle Verhältnis«! Denn was das Weib zum Weibe zieht, wäre die ihm innewohnende Männlichkeit (wie steht's dann aber mit der Partnerin?), während es »das Weibliche ist, das das Weib zum Manne treibt«; gewiß: Weiblichkeit ist nun aber einmal ein »Greuel«, daher »ehrt« sie die homosexuelle Liebe! Jedenfalls recht interessante Resultate einer pathologischen Aversion, die nur aus dem einen Grund verdient ernstlich diskutiert zu werden, weil sie mit ungeheuerlicher Anmaßung konsequent das Krankhafte für das Gesunde einsetzt und dementsprechend ihre »Gesetze« konstruiert. Ein weiteres Merkmal, wodurch bedeutende Frauen »ihren Gehalt an Männlichkeit« offenbaren, sei der Umstand, daß ihr männliches sexuelles Komplement fast nie ein »echter« Mann ist. Ja, aber warum ist er es meistens nicht? Weil es deren, wie mir scheint, überhaupt nicht allzu viele gibt. F i n d e n sich bedeutende Menschen, werden sie einander wohl zu würdigen wissen, was gerade die Beispiele beweisen, die Weininger zur Unterstützung s e i n e r Anschauung anführt: die Schriftstellerin Daniel Stern war die Geliebte von Franz Liszt, der nach Weininger »etwas Weibliches an sich hatte«, ebenso wie – nun kommt in der Tat eine sensationelle Enthüllung – wie – Wagner! Wagner der Gigant – verweiblicht! Nun, jedenfalls wäre es selbst bei den bedeutendsten Frauen nicht zu verwundern, wenn s o l c h e r  U n m ä n n l i c h k e i t ihr ganzes Herz zufliegt. Auch daß Mysia, die berühmte pythagoräische Philosophin, dem stärksten Athleten ihres Landes ihre Hand versprach, zeigt nicht gerade von der Abneigung der bedeutenden Frau gegen das »echt Männliche«. Daß Vittoria Colonna, die Dichterin, die Liebe eines Michel Angelo genoß, beweist wohl, daß sie gewaltiger Männlichkeit nicht abhold war; – ebenso die selten erhabene Liebes- und Ehegeschichte der englischen Dichterin Elisabeth Barret, an deren Krankenlager der gefeierte Browning trat – schön und strahlend wie ein junger Gott, gefeiert, berühmt, stark und liebreich – um sich nie wieder von der von ihm angebeteten Frau zu trennen; und diese beiden Menschen, die beide zu den bedeutendsten ihrer Epoche gehörten, die in ihrem dichterischen Schaffen beide nicht erlahmten, führten das innigste, verständnistiefste, zärtlichste und glücklichste Eheleben!

Auch daß Schriftstellerinnen »so oft« (?) einen Männernamen annehmen, hat nach Weininger einen »tieferen« Grund, als man glaubt: »das Motiv zur Wahl eines männlichen Pseudonyms muß in dem Gefühle liegen, daß nur ein solches der eigenen Natur korrespondiert«. So? Nicht viel eher in dem Vorurteil, welches lange Zeit gegen die literarische Betätigung der Frauen herrschte, und das selbst noch in der Zeit der Sonja Kowalewska so stark war, daß ihr Vater deren Schwester aus dem Hause jagen wollte, als er erfuhr, diese habe dem Dostojewsky für seine Zeitschrift eine Novelle »verkauft«, – indem er seinen Zorn damit begründete, – eine Frau, die heute ihre Novelle »verkaufe«, – verkaufe morgen ihren Leib! – Heute noch ist es Frauen sehr schwer, redaktionelle Stellungen zu erlangen, welche Männer, die ihnen an literarischer Befähigung und an Namen gleichstehen, mühelos erlangen; ein weiblicher Theaterreferent – fix angestellt und besoldet – scheint noch immer eine ungeheuerliche Vorstellung, die, um sich durchzusetzen, mit tausend Schwierigkeiten zu kämpfen hat, so daß es nicht verwunderlich wäre, wenn ein männliches Pseudonym für dieses Amt benützt würde – lebten wir nicht in einer Zeit, wo es schon aus Prinzip geboten erscheint, auch in den angefochtensten literarischen Situationen die weibliche Autorenschaft zu bekennen ....

In dieser zum Kampfe drängenden farbebekennenden Zeit der neueren Literaturperiode sind denn auch die männlichen Pseudonyme weiblicher Autoren immer seltener geworden, so daß der Grund für ihr ehemaliges Überwiegen wohl kaum in maskulinen Anlagen, sondern in äußeren Verhältnissen zu suchen ist.

Die »wahre« (innerliche) Emanzipation des Weibes wird von Weininger nicht verworfen (wohl aber für unmöglich erklärt), – a b e r – »der U n s i n n der Emanzipationsbestrebungen liegt in der B e w e g u n g, in der A g i t a t i o n«.

»Unsinn« – der entsetzliche Kampf nach Brot, »U n s i n n« der endlich erfolgte Zusammenschluß der als einzelne Hilflosen, »Unsinn« die planmäßige Organisation der nur durch ihr Geschlecht von zahllosen wichtigsten Erwerbszweigen Ausgeschlossenen, die auf die immer seltener gewordene »Versorgung durch den Mann« – oder aber auf Hunger, Prostitution oder erdrückende Familienabhängigkeit angewiesen waren! »Unsinn« die mächtige Propaganda, die die Ringenden kampfesfähig machen, die ihnen die Mittel erkämpfen soll, sich vor w i d e r s t a n d s l o s e m, sicherem Untergang zu retten, »Unsinn« das Sichaufraffen aller jener weiblichen Existenzen, die n i c h t »als Leichen auf dem Wege liegen bleiben« wollen, wie dies nach der Ansicht eines mir bekannten, sonst bedeutenden Philosophen »nun einmal sein muß«.

Und warum ist diese Bewegung, diese Agitation nach Weininger »Unsinn«? Weil »nur durch diese« (und außerdem »aus Motiven der Eitelkeit – des Männerfanges!« – Herrjemine!) viele Frauen jetzt Bildungs- und Berufsbestrebungen entwickeln, deren bloße »psychische Bedürfnisse« sie n i c h t dazu getrieben hätten!

Daß es noch andere als »psychische Bedürfnisse« gibt, nämlich zwingende ökonomische Bedürfnisse, wird bei Weininger mit keiner Silbe in betracht gezogen. Angenommen selbst, es wären wirklich nicht immer echte und tiefe psychische Bedürfnisse, die jemanden zur Ausübung eines ernsten Berufes und zu ernstem Bildungsstreben führen, so wird doch wohl jedermann, der die Mühen, Lasten, Verantwortungen und Schwierigkeiten eines Studiums oder eines Berufes auf sich nimmt und zu erringen sucht, ernste und zwingende Gründe hiefür haben – und kaum einer bloßen Mode folgen!

Natürlich folgt die »Resolution« – in fetten Lettern – auf dem Fuße: freien Zulaß zu allem – aber n u r denjenigen Frauen, deren »wahre psychische Bedürfnisse« sie zu »männlicher Beschäftigung« treiben! »F o r t mit der ›unwahren‹ Revolutionierung – weg mit der ganzen

Frauenbewegung!«

Solches wird großartig und pompös in Doppelfettdruck verkündet! – Ganz abgesehen von der bereits erörterten Verlogenheit – oder Verblendung – welche in den Berufsbestrebungen der Frauen andere als ernste und zwingende Gründe zu sehen vermag, – möchte ich doch gerne wissen, wie man bei der Zulassung zu den Universitäten, zum Studium und zum Erwerb die »wahren psychischen Bedürfnisse« denn erkennen soll, um die, die von ihnen getrieben werden, von den anderen – fernzuhaltenden – solchen, die vielleicht »nur« von ökonomischen Bedürfnissen getrieben sind, zu sondern? Vielleicht an dem »männlichen Habitus« – den sie gewöhnlich gar nicht haben?

Des weiteren wird vorgeschlagen – zwecks Konstatierung weiblicher Minderwertigkeit – ein Verzeichnis bedeutender Männer mit dem bedeutender Frauen zu vergleichen und die erdrückende Überfülle auf dem ersteren zu ersehen. Ganz gewiß hat es unvergleichlich mehr und stärkere männliche Genies gegeben als weibliche. Aber sie gingen auch anders gerüstet, von anderen Voraussetzungen und Anforderungen der Mitwelt geleitet, in den Kampf! Was beim Manne als seine selbstverständliche Aufgabe g e f o r d e r t wurde, daß er sich Stellung und Bedeutung in der Welt erringe, tauchte bei der weiblichen Erziehung vergangener Jahrhunderte nicht einmal als Erwägung auf, und weibliche Ausnahmswesen mußten einen entsetzlichen, erbitterten Kampf gegen Familie, Herkommen, Sitte, Gesellschaft – ganze Berge wegverrammelnder Traditionen – bestehen, um nur überhaupt auf den Platz zu kommen, a u f  d e m  s i e  b e g i n n e n  k o n n t e n, um nur überhaupt jenen Boden unter die Füße zu bekommen, der für den Mann, als ihm gebührend, selbstverständlich da war. Daß nur wenige diesen gewaltsamen Sprung aus den tausend Fesseln, mit denen man ihr Geschlecht umschloß, vollführen konnten – nur die Überragendsten – daß auch diese Wenigen nicht die Höhe der größten Männer erreichten, erklärt sich ersichtlich genug daraus, daß sie eben schon mit erschöpften Kräften am Kampfplatz anlangten, daß eine Unmenge Energie für die V o r a r b e i t e n  v e r b r a u c h t werden mußte. Und daß das Anwachsen des weiblichen Genies auf jenen Gebieten, die ihm wahrhaft freigemacht wurden, mit jenem der Männer gleichen Schritt hält, beweisen die großen weiblichen Dichternamen, welche in den letzten kaum fünfzig Jahren, da dies Gebiet für die Frauen durch Zulaß zu Bildungsstätten g a n g b a r e r gemacht wurde, auftauchten, beweisen die Namen der genialen Schauspielerinnen, welche von denen der männlichen Kollegen nicht überstrahlt werden, obzwar man auch f ü r  d i e s e n  B e r u f  d i e  F r a u  f ü r  u n b e f ä h i g t  h i e l ṭ Weiberrollen von Männern spielen ließ und sie ihn erst seit kaum drei Jahrhunderten ausübt, in welcher Zeit sie seine höchsten bisher erreichten Gipfel, vollwertig und gleichwertig mit dem Manne, erklommen hat.

Zur Zeit der Renaissance soll es diese Fesseln nicht gegeben haben, weibliche Bildungsbestrebungen im Gegenteil gerne gesehen worden sein, und die Frau hätte (nach Weininger) damals Gelegenheit gehabt, »zur ungestörten Entfaltung ihrer geistigen Entwicklungsmöglichkeiten«. Die hat sie denn auch entfaltet z u  ä s t h e t i s c h e n  Z w e c k e n  u n d  Z i e l e n ,  d e n n  n u r  s o l c h e  w a r e n  i h r  f r e i  g e g e b e n, und die kamen natürlich nur für die Frauen der begünstigten, vornehmen Kreise in Frage, wo sich denn auch eine Blüte weiblicher »Schöngeistigkeit« entwickelte, auf die damals wahre Hymnen gesungen wurden: daß aber den Frauen der Renaissance – in ihrer Gesamtheit, nicht als

Ausnahmschance – auch soziale Ämter eröffnet und damit die einzig ernsthafte Anregung ihnen gegeben worden wäre, ist n i c h t bekannt, vielmehr saß trotz Renaissance und Humanismus diese Gesamtheit in den Frauengemächern und spann.

Das Hauptmoment aller sozialen Erscheinungen, nämlich das wirtschaftlich-materiell-soziale Moment existiert für Weininger nicht, wird entweder überhaupt nicht erwähnt oder rundweg geleugnet. So wagt er es denn auch, die unerhörte Behauptung aufzustellen, der Zusammenhang der ökonomischen Verhältnisse mit der Frauenfrage sei ein viel lockererer als er gewöhnlich hingestellt wird!!! Nur bei den Frauen aus dem Proletariat, die sich in die Fabrik oder zur Bauarbeit drängen, anerkenne er diesen Zusammenhang! Der Kampf um das materielle Auskommen habe mit dem Kampfe um einen geistigen Lebensinhalt (»wenn« ein solcher vorhanden sei!!!) nichts zu tun und sei scharf von ihm zu trennen!

Ja, sollen sich denn die Frauen, die ein materielles Auskommen suchen und brauchen, a l l e zum Ziegelschupfen drängen und n u r zum Ziegelschupfen? Sollen sie nicht ein Anrecht haben, von einer höher qualifizierten und besser bezahlten Beschäftigung, eben jener, die vielleicht gerade ihrem geistigen Lebensinhalt entspricht, auch eine materielle Existenzmöglichkeit zu erzielen? Verzichten denn Männer in akademischen Berufen (oder anderen, die eine gewisse Bildung voraussetzen) auf ein Einkommen aus diesen Berufen (denen sie sich doch voll und ganz widmen müssen, um in ihnen etwas zu leisten), leben sie samt und sonders von ihren Renten und begnügen sie sich mit dem »geistigen Lebensinhalt«, den ihnen diese Berufe vielleicht geben?!

Daß die Frauen es endlich satt haben, sich entweder zu

prostituieren oder zu versklaven (oder nur zum Ziegelschupfen »freien Zutritt« zu erhalten), daß sie endlich auch ihre geistigen Fähigkeiten nutzbar gemacht und bewertet wissen wollen, ist die Grundlage jener »Bewegung«, die für Weininger ein »Unsinn« ist. Und daß dieser Kampf um Brot mit dem Kampf nach Daseinsinhalt endlich Hand in Hand gehen k ö n n e, ist das vornehmste Ziel der Emanzipation. Und dieses Ziel kann mit nichten das »einzelne Individuum für sich allein erkämpfen«, wie Weininger dies fordert, dem die Massenbewegung der Frauen wie ein »großes, wildes Heer« erscheint, das die »wahre« Befreiung nicht erringen könne. Es gibt keine »wahre« Befreiung ohne wirtschaftliche Befreiung! Und in dem Kampfe danach wäre das »einzelne Individuum für sich allein« h i l f l o s  v e r l o r e n, – wehr- und waffenlos würde es von der kompakten Masse der Gegner – auch ein »großes, wildes Heer« – in Grund und Boden getreten! Um neue soziale Tendenzen durchzusetzen, um dem T r u s t  a u f  a l l e n  L i n i e n gerüstet zu begegnen, bedarf es des Zusammenschlusses aller e i n h e i t l i c h e n  W i l l e n, – des »Unsinns« der Organisation.

enn »M« über die Psychologie von »W« »Enthüllungen« zu machen im Begriffe ist, pflegt er manchmal von einer Art Gewissensbissen befallen zu werden, leisen Zweifeln an der Richtigkeit der abgegebenen lapidaren Urteile. Woher und wieso »M« überhaupt imstande sein soll, die geheimsten psychischen Vorgänge im Weibe zu »enthüllen«, darauf hat Weininger natürlich seine Antworten.

Das Recht dazu gebe ihm nämlich erstlich die Frau selbst, da sie entweder Falsches von sich aussage oder überhaupt nichts zu sagen wisse; so habe z. B. noch keine Frau ihre Empfindungen und Gefühle während der Schwangerschaft zum Ausdruck gebracht; Scham hätte sie gewiß nicht daran gehindert, fährt er fort, denn nichts läge einer schwangeren Frau ferner als Scham über ihren Zustand. Wie schamlos es von Seite des Mannes wäre, diese Scham zu erwarten, scheint er aber gar nicht zu ahnen!

Daß sich in früheren, unfernen Zeiten ein wahrer Sturm

gegen eine Frau erhoben hätte, die es gewagt hätte, ohne Pseudonym literarische Bekenntnisse über den Zustand ihrer Schwangerschaft zu geben, ignoriert er vollständig; auch daß sich in der kurzen Epoche, da überhaupt realistische Darstellungen der Lebensvorgänge, wie sie sich bar aller verlogenen Illusionen wirklich abspielen, in der Literatur sich Raum verschafft haben, auch die Frauen – oft mit wenig Talent, oft aber auch mit geradezu elementarem Talent und wahrhaft unerschrockenem Mut – sich daran beteiligt haben, daß gerade über diesen Gegenstand von Seite von Ärztinnen, Dichterinnen, Sozialreformerinnen und Nationalökonominnen bereits eine kleine Literatur vorliegt, scheint er gar nicht zu wissen.

Ebenso fest fundiert ist auch die andere Antwort, die auf die Frage, woher die M ö g l i c h k e i t solcher Enthüllungen dem Manne kommen solle, gegeben wird: aus dem, was in den Männern selbst an »W« ist!

Nun, gerade über das Phänomen der Schwangerschaft dürfte sich von d i e s e m »W« (im »M«) kaum Verläßliches aussagen lassen!

Und auf Grund dieses erbrachten »Befähigungsnachweises« wird nun in der Tat »ausgesagt«.

Vor allem wird der »psychologische Unterschied zwischen M und W« nach weitschweifigen Auseinandersetzungen über deren physiologische »Unterschiede« – kurz und bündig, ohne Beweise, wohl aber mit einer Fülle falscher Behauptungen – damit erklärt, W gehe vollständig im Geschlechtsleben, »in der Sphäre der Begattung« auf, während M noch für eine Menge anderer Dinge Interesse habe: »für Kampf und Spiel, Geselligkeit und Gelage, Diskussion und Wissenschaft, Geschäft und Politik, Religion und Kunst.«

So?! Nur »M« hat für diese Dinge Interesse?! Und wenn ich als Frau (mit tausenden anderen Frauen) auf diese kühne Behauptung, die allein die Trägerin der These sein soll, W sei ganz und gar Sexualität und sonst nichts, – wenn ich nun daherkomme – und aussage und beweise, daß ich ebenfalls »ausgefüllt und eingenommen bin« von all diesen Dingen, ja g e r a d e von d i e s e n Dingen, von Kampf und Spiel, von Geselligkeit und Gelage, – jawohl! – von Diskussion und Wissenschaft, von Geschäft und Politik, von Religion und Kunst, – jawohl! – und nicht eine dieser Interessen aus meinem Leben scheiden könnte, – was dann?

Dann – ja dann ist nicht etwa die These falsch und flach und hohl – sondern ich und die Tausende von andern Frauen, die mit mir daherkamen, sind eben keine »echten« Frauen, sondern nur zu zwei Dritteln oder gar nur zur Hälfte Frauen! – Einen bequemeren und platteren Schild hat kaum irgend jemand sich jemals geschmiedet! – Daß man von einer »Echtheit«, das heißt hier Kulturfremdheit und Verwilderung, die von Tag zu Tag seltener wird und deren vollständiges Verschwinden eben nur von der Eroberung größerer Bildungsmöglichkeiten abhängt, – n i c h t ausgehen darf, um ein »Gesetz« aus ihr zu konstruieren, das für Millionen Exemplare, die dieser »Echtheit« längst entsprungen sind, Gültigkeit haben soll, – das ist so flach auf der Hand liegend, daß es beinahe eine Schande ist, es erst zu explizieren. Überhaupt wird Weiningers Polemik in dem Moment, wo sie aus den Grenzen der reinen Spekulation heraustritt in den Kreis der Erfahrungen, der Tatsachen, des sichtbarlich Wahrnehmbaren erstaunlich platt. So heißt es gleich nach der so fest fundierten Behauptung, W gehe ganz und gar in der Sexualsphäre auf, – an Entwicklung möge glauben wer da wolle, nur darauf komme es an, wie sie (die Frauen, an anderer Stelle die Juden) h e u t e sind. So? Nur darauf kommt es an, wie sie heute sind? Nicht etwa auch darauf, wie sie w u r d e n und wie sie sichtlich w e r d e n? – In rasender Rotation bewegen sich die Gestirne, Glühendes erstarrt, Starres wird flüssig, Flüssiges verdampft, Äonen türmen Gebirge auf und waschen sie wieder fort, Meere werden zu Land und Länder zu Meer, tausende Formen durchläuft das Leben, ehe die primitive Zelle in komplizierter Vielfältigkeit triumphiert, alles wandelt sich ruhlos, alles wird, wächst, schwindet, kehrt wieder, – nirgends Stillestehen und Ende, – »alles fließt« – und im Buche eines Gelehrten des XX. Jahrhunderts wird Wandlung durch Entwicklung – bezweifelt!

Weininger verläßt nun vollständig das Gebiet der Theorie und begibt sich auf den Boden der Tatsachen. Aussage folgt auf Aussage, – und was da kurz und eilig, in rascher Folge nacheinander behauptet wird, ohne durch die geringste reale Beweisführung gestützt zu sein, mutet wie ein einziges Wirrsal an, – ein Labyrinth, in dem sich der, der es konstruierte, selbst nicht mehr zurechtfindet. Mit einer so dezidierten Bestimmtheit werden da fixe Vorstellungen als unanzweifelbare Tatsachen hingestellt, – daß sie der Polemik förmlich entheben, da ihre monströse Verkehrtheit schon durch ihre Zitierung erhellt:

»W befaßt sich mit außergeschlechtlichen Dingen nur für den Mann, den sie liebt, oder um des Mannes willen, von dem sie geliebt sein möchte.« Lüge! Mehr läßt sich auf eine solche Behauptung nicht erwidern. »Ein Interesse für diese Dinge an sich fehlt ihr vollständig.« Abermals Lüge, einfach schlechtweg Lüge!

Wenn eine »echte« Frau z. B. Latein lerne, so tue sie das nur, um etwa ihren Sohn darin zu überhören! – Bedarf die – Albernheit (man kann es beim besten Willen nicht anders nennen) dieser Behauptung und ihrer Benützung als Faktor zur Beweisführung weiblicher Minderwertigkeit – einer

Debatte?

Daß W »nichts ist als Sexualität« – M »noch etwas darüber« – das zeige sich besonders deutlich in der Art, wie M und W ihren Eintritt in die Periode der Geschlechtsreife erleben. M empfinde die Zeit der Pubertät krisenhaft und beunruhigend, was auch begründet sei durch – hier wird ein physiologisches Phänomen genannt – »über das der Wille keine Gewalt hat«. Das Weib aber finde sich ganz leicht in die Pubertät. – So? Ist es dem Autor gänzlich unbekannt, wie eminent krisenhaft, beunruhigend, aufregend und gefährlich g e r a d e beim Weibe diese Epoche sich ankündigt, – da ja auch sie von einem Phänomen begleitet ist, – »über das der Wille keine Gewalt hat«?! Unbekannt auch, daß hysterische Schwärmereien, die gewöhnlich blinde Aufopferung und entsetztes A b w e n d e n von aller bewußten Sexualität (die mit geheimen Schauern wie eine fremde, feindliche Macht geahnt wird) zum Substrate haben, gerade in dieser Zeit emporschießen, daß eine übersinnliche Hingabe zur treibenden Kraft des ganzen Wesens wird, – wie sie Ibsen in Kaja Fosli und in der Hedwig der »Wildente«, Hauptmann in Ottegebe im »Armen Heinrich« verkörperten?!

»Besonders deutlich« beweisen daher Behauptungen solcher Art nur das Eine: daß alles, was ist und wie immer es ist, herbeigeholt, und alles, was nicht ist, konstruiert wird, um vorgefaßte Fiktionen zu stützen.

Ein blindes Vorbeisausen am wahrhaft Ursächlichen, an wirtschaftlichen und sozialen Verhältnissen, in denen die Gründe so mancher Erscheinungen wurzeln, ist ganz auffällig ersichtlich und kulminiert in verwirrender Verwechslung natürlicher Anlagen mit bloßen Zeiterscheinungen von rein sozialer Natur. Warum – so wird gefragt – denken Knaben nicht ans Heiraten, während selbst die kleinsten Mädchen schon darauf »erpicht zu sein scheinen«? Sehr einfach: weil die Mädchen von einem Erziehungsplan, der eine a n d e r e selbständige Existenz als die Heirat nicht in Betracht ziehen konnte, darauf gedrillt wurden. Darum denken sie schon bei der Puppe ans Heiraten, geradeso wie Buben, denen man den Säbel als Spielzeug in die Hand gibt, sich gewöhnlich eine kriegerische Karriere in lockenden Farben ausmalen, womit doch sicher nicht bewiesen ist, daß sie ihrer »Anlage« nach Menschenschlächter sind und in ihrem späteren Leben begeisterte Anhänger des Militarismus »bleiben« werden.

Nur wahrhafte Blindheit für alle sozialen Zusammenhänge konnte auch die unglaublich naive Frage stellen, warum denn beim Weibe die Brautnacht eine so viel größere Rolle spiele als beim Manne der erste geschlechtliche Akt. Dio mio! Es soll ein Beweis der absoluten, alles andere ausschließenden Sexualität von »W« sein, daß die Brautnacht der Frau – ihre Defloration durch den Einzigen, dem sie voraussichtlich angehören wird, mit dem sich ihr ganzes Schicksal eng verbindet, – daß diese Nacht, die ein aufwühlendes physisches und psychisches Erlebnis bringt, nachdem schon der vorangegangene Tag ihr eine ganz neue soziale Stellung, eine Umwälzung ihrer wirtschaftlichen Existenz bezeichnete, – der Frau mehr bedeutet, als dem Manne der Fall in die Arme der ersten Dirne, mit der ihn eine Stunde später keine noch so flüchtige Beziehung mehr verbindet! Und trotzdem wird auch dieses Erlebnis von feinfühligeren Männern als aufwühlendes, aufregendes und lange nachwirkendes Geschehnis empfunden, – weil eben physiologische Veränderungen jeden Organismus auch psychisch erschüttern.

Unsinn auf Unsinn wird mit Tiefsinn vorgetragen: n u r beim Weibe sei die Sexualität »diffus« ausgebreitet über den ganzen Körper, jede Berührung an welcher Stelle immer errege sie sexuell. Ist das nicht gerade umgekehrt b e i m M a n n e der Fall – und die Möglichkeit, sexuell erregt zu werden, bei »M« nichts weniger als »streng lokalisiert?!«

Da das Weib durch und durch Sexualität ist, kenne es natürlich überhaupt keine andern Begriffe; ja es könne überhaupt keinen Begriff bewußt erfassen, e s f e h l e i h m d i e B e w u ß t h e i t, es könne nur in verschwommenen Vorstellungen, »in Heniden« denken – daher sei ihm selbst ein »intellegibles Ich« abzusprechen, – eine Seele! »Darum« könnte es auch niemals ein weibliches Genie geben, – »denn« – wie könnte ein seelenloses Wesen Genie haben?

Gewiß eine klappende, – klappernde Logik, eine Logik mit gebrochenen Gelenken und durcheinander geschüttelten Gliedern!

»Das« Weib lebt weniger bewußt als »der« Mann! Ja, vielleicht, – unter ganz bestimmten Verhältnissen. In vollkommen geschützten Bourgeoiskreisen vielleicht, wo die Tätigkeit der Frau sich ausschließlich auf ihr häusliches Milieu beschränkt, während der Mann durch seinen Beruf im Kontakt mit dem Leben steht und daher – vielleicht – eine »bewußtere« Existenz führt als sie. Aber wie steht's zum Beispiel beim Arbeiter, wo der Mann nicht Handel, Industrie, Wissenschaft oder Kunst, sondern aufreibende, schwere Taglöhnerarbeit betreibt? Führt er auch ein »bewußteres« Leben als »das Weib«, oder leben sie nicht etwa beide (soferne noch kein frischer Windzug politischer Stellungnahme zu ihnen gedrungen ist) ein dumpfes, stumpfes, erkenntnisloses und qualenreiches Frohndasein?! Der Bäckergeselle z. B., der, wie jüngst durch eine Enquête eruiert wurde, in manchen Fällen von Abends 8 Uhr bis Mittags 12 Uhr beim Teigtrog steht, dann von 12 bis 8 Uhr den notwendigsten Schlaf nachholt und um 8 Uhr wieder in die Backstube geht, lebt er etwa ein »bewußteres« Dasein als

»das« Weib?!

Alle diese Einzelheiten zeigen aber deutlich, daß es sich überall darum handelt, gerade den frischen Luftzug einer maßvollen Betätigung, eines Berufes, der nicht den ganzen Menschen frißt, der ihm Zeit läßt zur Selbstbestimmung und zum Kontakt mit der Welt und ihn dabei menschenwürdig ernährt, den Menschen erringen zu helfen, u m   i h n e n e i n e   S e e l e   z u   g e b e n. Weder im abgesperrten Heim, noch im Ghetto, noch am Teigtrog läßt sich »Seele« erwerben, kann sich Intellegiblität entwickeln.

ısgehend von der falschen Voraussetzung, der ganze theoretische Streit in der Frauenfrage drehe sich darum, »wer geistig höher veranlagt sei, die Männer oder die Frauen«, eine Voraussetzung, die umso naiver und lächerlicher ist, als es ja d a r a u f   g a r   n i c h t a n k o m m t, um den Wert einer Gattung zu bestimmen und eine von s o l c h e n Gesichtspunkten ausgehende Bewertung einen erbärmlich kleinlichen Standpunkt verraten würde, gelangt Weininger zum Problem der Begabung und Genialität überhaupt. Dieser Abschnitt seines Buches scheint mir die anderen Kapitel wie eine Warte zu überragen, trotzdem auch hier unvermutete, vehemente Sprünge in die unsinnigsten Schlußfolgerungen die sinnigsten Auseinandersetzungen abreißen und verzerren und den Eindruck wilder Purzelbäume hervorrufen, die ein ruhiges, schönes Wandeln plötzlich unterbrechen. Glänzend und plastisch, von unzweideutiger Prägnanz ist der Stil, eine wunderbare Klarheit herrscht vor, solange die fixe Idee nicht mitspricht. Abgesehen von einigen Ausfällen von peinlicher Banalität, die eine interessant ansetzende Gedankenreihe manchmal grob unterbrechen, – wie z. B. die nicht sehr originelle Mitteilung, daß »ganz große« Männer nicht dem jungen Fuchse auf der Mensur »gleichen«, noch dem jungen Mädchen, das sich über die neue Toilette nur freut, weil ihre Freundinnen sich darüber ärgern, – finden sich da feine und zum Teile auch eigenartige Beobachtungen über das Wesen des genialen Menschen, bis wieder ein mehr als gewagtes Salto mortale die ganze Betrachtung zerreißt.

Schon die Behauptung, daß das geniale Bewußtsein das vom »Henidenstadium« (vom Stadium der verschwommenen, mehr instinktiven als intellektuellen Vorstellungen) am weitesten entfernte sei, ist sehr zu bezweifeln: ist doch das Phänomen der halluzinativen, visionären Genialität und Produktionsfähigkeit zahllose Male beobachtet worden, ja es ist fast als typisch zu betrachten, da bei den meisten und bedeutendsten unter den »Schaffenden« der Zustand der Produktion fast immer von einer Art visionärer Entzücktheit getragen ist, die weitab liegt von »grellster Klarheit und Helle« mit der derselbe Schaffende sich vielleicht als Kritiker betätigen kann. Wenn nur gar aus dieser Behauptung, die sich durchaus nicht als stichhältig erweist, gefolgert wird, Genialität offenbare sich als eine Art höherer Männlichkeit und »darum« könne W nicht genial sein, so ist dies gewiß eine fast kindische Dialektik zu nennen, die sich der abstrakten Spekulation entrückt, und ins Licht der realen Wirklichkeit gestellt, an ihren gewaltsam aneinandergeschraubten

Zusammenhängen erkenntlich macht. Die auf das Weib sich beziehende Schlußresumierung der aus der ganzen Theorie gewonnenen Resultate zeigt den traurigen Mut einer kaum glaublichen Unverfrorenheit: die Frau bringe der Genialität kein anderes Verständnis entgegen, als eines, das sich eventuell an die Persönlichkeit eines noch lebenden Trägers knüpft!

Aus solchen Aussprüchen, aus denen sich der auf Tatsachen sich beziehende und berufende Teil dieses Buches zusammensetzt und die deswegen in Debatte gezogen werden müssen, erhellt ein klägliches Abgleiten und Danebengreifen, sowie das nachgiebige Gebiet der Spekulation verlassen und das harte der Tatsachen und der praktischen Folgerung betreten wird: kein noch so »wissenschaftlich« angelegtes und mit innerlicher Tiefe entworfenes Fundament kann für einen Bau von Bedeutung sein und ihm zu Werte verhelfen, wenn der Bau selbst aus morschem Material gezimmert ist, das die Verwesung schon in sich trägt.

Neben sehr treffenden Kriterien der genialen Veranlagung werden solche von erstaunlicher Einfalt aufgestellt, die den Autor schließlich zu der Behauptung führen, k e i n männliches Wesen sei ganz ungenial! So mancher, der von seiner Genialität bisher keine Ahnung gehabt hat, wird dies schmunzelnd zur Kenntnis nehmen! Die »absolute Bedeutungslosigkeit« der Frauen wird durch Aufzählung verschiedener Berufe erhärtet, in denen die Frauen nichts geleistet hätten, ohne daß mit einer Silbe daran gerührt wird, ob sie wohl die h i s t o r i s c h e M ö g l i c h k e i t dazu hatten oder nicht. Daß sie in der Musikgeschichte, in der Architektur, in der Plastik und Philosophie nicht das Geringste geleistet hätten, wird ihnen vorgehalten, in einem Atem wird aber gleich darauf eingestanden, der weibliche Baumeister sei »eine fast nur

Mitleid weckende Vorstellung«. Daß diese Vorstellung und andere ähnliche jahrhundertelang überhaupt einen Wall bildeten, der alles weibliche Streben von solchen Richtungen ablenkte, wird natürlich nicht gesagt; auch nicht, daß, seit in diesen Wall durch den Ansturm der Frauenbewegung einige Breschen geschlagen wurden, sehr tüchtige und bemerkenswerte weibliche Leistungen sowohl in der Architektur (man denke an die nach dem Leben gezeichnete Figur der Ursine in Reickes berühmtem Roman: »Das grüne Huhn«) als besonders in der Plastik zu verzeichnen sind: Sondererscheinungen natürlich, aber die geringe Zahl erklärt sich doch klar genug daraus, daß es ja eine selbstverständliche Erziehung jedes Mädchens zu einem Berufe noch nicht gibt, daher der Prozentsatz, der sich trotz des Mangels an Förderung und Antreibung aus eigener Kraft zu einem Berufe schwieriger wissenschaftlicher oder künstlerischer Natur durchringt, doch naturgemäß ein weit geringerer sein muß, als die Anzahl der Männer, die alle zur Berufswahl verhalten werden.

Daß die Frauen in der Philosophie nichts geleistet hätten, ist unrichtig, nur gestatteten ihnen die Zeitverhältnisse meistens nicht, dozierend oder publizierend vor die Öffentlichkeit zu treten; im Mittelalter entwickelte sich ein hohes geistiges Kulturleben der Frauen – hinter den Mauern der Klöster. In den lichten Zeiten blühenden Hellenentums waren die Philosophinnen Griechenlands, zu denen die früher erwähnte Mysia, Theana und andere gehörten, bekannt und berühmt. Gerade für die Philosophie ist die Begabung der Frauen unzweifelhaft, denn die weibliche Natur neigt viel eher zu kontemplativer, nach innen gekehrter Betrachtung, als zu irgend welcher äußeren Agitation, obzwar sie unter dem Ansporn der Notwendigkeit auch diesen Mangel – eine Art seelischer Schwerfälligkeit – aufzuheben vermag, wie die rührigen

Betätigungen der Frauenvereine beweisen.

Daß die Frauen in der Musikgeschichte nichts leisteten, dürfte wohl mit ihrem Mangel an entsprechender beruflicher Betätigung (in der Orchestermusik, als Kapellmeister etc.) herrühren, die sie in fortwährenden Kontakt mit musikalischer Theorie und musikalischer Praxis brächte; vielleicht ist auch wirklich eine geringere Begabung dazu vorhanden, denn es soll ja durchaus nicht geleugnet werden, daß für manches Schaffensgebiet das weibliche Geschlecht weniger befähigt ist als das männliche, z. B. dürfte das in der Chirurgie ganz sicher der Fall sein. Weil aber irgend eine Spezies nicht ganz »gleiche« Talente hat wie eine andere, ist sie doch gewiß nicht minderwertig, soferne sie auf einem andern Gebiete brauchbar ist. Die gegenseitige Unentbehrlichkeit, Unersetzlichkeit der beiden Geschlechter für einander bedingt schon ihre Gleichwertigkeit! Eine geistige Rangordnung ist überhaupt – so will es mir scheinen – nur von Individuum zu Individuum anwendbar; nicht einmal unter Völkern und Stämmen darf das vergleichende Urteil eine Abfertigung en masse sein, geschweige denn dort, wo es sich um die eine Riesenhälfte der Menschheit handelt, die mit ein paar mühsam herbeigeschleppten Grenzpfählen in eine eigene Wertabteilung sperren zu wollen, eine lächerliche Torheit ist, weil in jedem Augenblick Millionen Individuen aus der bloßen Gattungssphäre heraus- und über diese Grenzen hinüberspringen.

Eine »echt weibliche Anlage« darin zu sehen, daß viele Frauen ihre Männer belügen und betrügen und nur kleinliche Wirtschaftsinteressen kennen, scheint eine Verblendung, die nur in dem überraschenden Bekenntnis des Autors, daß »jeder hervorragende Mensch zeitweise an fixen Ideen leide«, ihren Schlüssel haben dürfte. Ist es ein »Naturgesetz«, daß viele Frauen lügen und trügen oder tun sie dies nicht vielleicht deshalb, weil sie abhängig und wirtschaftlich ewig bevormundet sind?! Und wenn sie sich nur für Kleinlichkeiten interessieren, dürfte das nicht darin seinen Grund haben, daß größere Interessen in ihrem armseligen Hausdasein überhaupt nicht an sie herantreten? Und haben Männer in ähnlich eingeengtem sozialen Wirkungskreis etwa einen größeren Horizont? Und muß dies so bleiben, unabänderlich – ein »Naturgesetz«?!

Die Anwürfe gegen das weibliche Geschlecht, die den Hauptteil und Kernpunkt dieses vielbesprochenen Werkes bilden, zerschmelzen bei der geringsten kritischen Beleuchtung wie dünner Schnee in der Wärme. Man staunt, daß die Tendenz des Werkes überhaupt ernst genommen werden konnte, da deren Argumente ihre Hohlheit und Plattheit so sichtlich zur Schau tragen, soferne nicht geradezu o h n e  j e d e s Argument Aussprüche von gehässiger Unwahrheit als »Tatsachen« vorgetragen werden; zum Beispiel der, W verfüge überhaupt nur über e i n e Klasse von Erinnerungen: solche, die mit dem Geschlechtstrieb und der Fortpflanzung zusammenhängen!! Andere Erinnerungen als an den Geliebten, Bewerber, Hochzeitsnacht, Kind und Puppen, »Zahl, Größe und Preis der Bukette, die sie auf dem Balle erhielt, und an j e d e s K o m p l i m e n t  o h n e  A u s n a h m e, das ihr je gemacht wurde«, habe das »echte« Weib aus seinem Leben überhaupt nicht!! Das »echte« Weib! Ja, wo steckt es denn, das Urtier?!

Es existieren gewiß weibliche Gehirnchen, in denen Erinnerungen solcher Art vorherrschend sind: aber das beweist doch nur, daß kein anderes Material für die Erinnerung vorhanden ist, daß keine wichtigeren Erlebnisse in solch ein Dasein getreten sind, daß dieses also um seinen besten und wertvollsten Inhalt betrogen wurde. Man gebe ihnen Beruf und Beschäftigung, und die Kotilloneindrücke dürften merklich verblassen. Daß es dem psychischen Leben der Frauen aber nicht nur an Gedächtnis, sondern auch an »Kontinuität« gebricht, wird daraus abgeleitet, daß sie sich eher und leichter in äußerlich veränderte Verhältnisse hineinfinden als Männer. Während zum Beispiel Männer, die plötzlich reich geworden sind, noch lange den Parvenü verraten, finden sich die Frauen viel schneller in die veränderte Stellung; nun, das scheint mir eher eine ganz gute Qualität zu sein als eine schlechte, nämlich die, daß sie eben in Äußerlichkeiten nicht verwurzeln.

Einen merkwürdig frömmelnden Beigeschmack hat die Lobpreisung der P i e t ä t. So sehr E h r f u r c h t vor allen echten Werten geboten ist und den, der ihrer fähig ist, selbst ehrt, umso weniger erscheint die bloße P i e t ä t als ein wirklich wertverratendes Phänomen. Unantastbare Verehrung zu fordern für Vergangenes und Gewesenes, oft aus gar keinem anderen Grunde als eben weil es tot und vergangen ist, scheint mir ein gewaltsames Einengen aller Kritik und daher auch der Möglichkeit einer Weiterentwicklung und führt zweifelsohne zu blinder Glorifizierung des Vergangenen und prinzipieller Verdammung alles Werdenden und Künftigen, wie sich dies auch tatsächlich in Weiningers Buch ganz auffällig zeigt: seit 150 Jahren, – so behauptet er, – sei Deutschland ohne großen Künstler und ohne großen Denker. Eine sehr kühne Behauptung! Und wie verträgt sie sich mit seiner Stellung zu Wagner, den er den größten Genius aller Zeiten nennt?!

Wenn er diese kühne Behauptung zu unterstützen meint, indem er ausführt, man müsse immer wieder nach den Werken der Klassiker greifen, man müsse zum Beispiel K l o p s t o c k immer wieder aufschlagen, um ungeduldige Erwartung bei der Lektüre zu empfinden (?!), so dürfte er das Beispiel nicht allzu überzeugend gewählt haben! Seit 150 Jahren kein Dichter in Deutschland, der so bedeutend fesselnd und anregend wäre wie – Klopstock?!

Pietät für das Vergangene bedingt aber, nach Weininger, vor allem Pietät gegen sich selbst, gegen die eigene Vergangenheit. Ja, warum soll sie denn aber durchaus mit Pietät verehrt werden, diese wie immer geartete Vergangenheit?! Und ist es wirklich ein »Merkmal des hervorragenden Menschen«, daß er mit »weihevoller Sorgfalt« den scheinbar geringfügigsten Dingen aus seinem Leben einen Wert beilegt?! So sehr instruktiv es ist, in Nebensächlichem, »scheinbar Geringfügigem« treibende Momente der Entwicklung zu erkennen, vielleicht kleine Anstöße größerer Konsequenzen, – so sehr übertrieben muß es erscheinen, einen »weihevollen« Selbstkult mit solchen Erinnerungen zu treiben, denn dann wäre ja die vorerwähnte allzu getreue Erinnerung des »echten« Weibes an Ball- und Liebesabenteuer und die weihevolle Sorgfalt, mit der diese Erinnerung angeblich gepflegt wird, auch »ein Merkmal des hervorragenden Menschen«.

Aber nein: denn dem Weibe geht die Pietät ab, was schon aus dem Beispiel der – Witwen zu ersehen sei, mit deren Pietät für den heimgegangenen Gatten es so schlecht steht, daß die Frevlerinnen manchmal sogar einen zweiten nehmen.

Daß sich die indischen Witwen pietätvoll verbrennen ließen, um an Stelle des im Tode vorausgegangenen Gatten rücksichtsvoll die dunkle, schwere Pforte, die sich nach indischer Vorstellung dröhnend hinter dem vom Leben Geschiedenen schließt, aufzufangen, beweist also wohl ihre »Vermännlichung« (denn das ist identisch mit Höherstehung) gegenüber den vom Geiste frecher Aufklärung erfüllten Europäerinnen?! Warum eine besondere Pietät der Witwen für ihren verstorbenen Gatten zu verlangen sein sollte, wenn nicht auch bei seinen Lebzeiten ein inniges Verhältnis zwischen den Eheleuten herrschte, ist nicht recht ersichtlich. War dies aber der Fall, so bleibt auch eine treue, warme, schmerzliche Erinnerung, ja nicht selten ein nie wieder zu bannendes Leid und oft eine fanatische Hingabe an den Toten zurück, wofür Sage und Geschichte genügende Beispiele liefern. Von »edlen Frauen«, die die Witwenhaube nie wieder ablegten, wird uns schon im Lesebuche erzählt, aber vom trostlosen Witwer ist noch nichts vermeldet worden. Wie steht's denn mit seiner Pietät?

Aus Pietät für das Vergangene, Vergehende erkläre sich auch das Unsterblichkeitsbedürfnis, welches angeblich den Frauen »völlig abgeht«. Im Gegenteil, die meisten haben es. Aber das Unsterblichkeitsb e d ü r f n i s, ja selbst die Erklärung des (leicht begreiflichen) Wunsches nach psychischer Unsterblichkeit, die Weininger zutreffend in Gefühlsgründen findet, können noch nicht den G l a u b e n an ein individuelles Fortleben nach dem Tode demjenigen geben, der ihn nicht hat, wenn er auch noch so stark das Bedürfnis danach empfindet: denn Gefühlsgründe ändern kein Titelchen an der Auffassung der Vernunft.

Natürlich hat das Weib auch keine Logik. Es kennt weder logisches »Gesetz« noch moralische »Pflicht«. »Also« hat es überhaupt k e i n  I c h. »Das absolute (?) Weib hat kein Ich.« Dies ist nach Aussage des Verfassers »ein letztes, wozu alle Analyse des Weibes führt«. Als historische Stützen seiner Anschauung beruft er sich auf – die Chinesen! Seit ältester Zeit sprechen sie dem Weibe eine eigene Seele ab. Sie zählen nur die Knaben, haben sie nur Töchter, so betrachten sie sich als kinderlos, – die Chinesen! Nun wissen wir, wie wir es zu machen haben!

Übrigens geht's auch bei uns diesbezüglich noch recht chinesisch zu: Las man doch jüngst in einer Tageszeitung in einem Bericht über das italienische Königspaar, der es den Lesern offenbar »menschlich näherbringen« sollte, die Königin Elena habe bei ihrer ersten Entbindung den König und ihre Schwiegermutter »mit Tränen in den Augen« »um Verzeihung gebeten«, daß das Kind ein Mädchen sei! Chinesenfreunde können also zufrieden sein.

Daß unter den Kirchenvätern Augustinus eine höhere Meinung vom Weibe gehabt habe als Tertullian und Origenes wird dem innigen Verhältnis des ersteren zu seiner Mutter zugeschrieben. Es scheint also die Bewertung des Weibes von Privaterlebnissen abzuhängen, weshalb wir uns auch über die Seelenlosigkeit, Ichlosigkeit etc. beruhigen können; ebenso über die »Verhältnislosigkeit« des Weibes. W hat nämlich »kein Verhältnis zu –« nun folgt irgend ein Phänomen (Wahrheit, Ethik, Scham, Mitleid etc.) – eine ständig wiederkehrende Phrase.

Die Seele des Menschen – des Mannmenschen natürlich – sei ein Mikrokosmus: er habe »alles« in sich und könne daher alles werden, je nachdem, was er »in sich begünstige«: Höchst- oder Tiefststehender, Tier, Pflanze, ja sogar Weib! (Ja, aber – in Parenthese bemerkt – wie erfährt man denn nur, da er doch nur das eine oder das andere wirklich wird, was »alles« in ihm steckt?) »Die Frau aber kann nie zum Manne werden!« Wehe, wehe über sie! Überhaupt ist sie eigentlich nichts anderes als ein »rudimentärer Mann«! Die »Vollendung« zum Ganz-Mann bleibt ihr natürlich versagt. So Strindberg in seiner Apotheose des Weiningerschen Werkes, die man als die Meinung einer Autorität immer wieder anführen hört: eine beinahe lachhafte Vorstellung, jemanden als Autorität in einer Sache nennen zu hören, die eine Verherrlichung seiner eigenen, weltbekannten fixen Idee, seiner eigenen manischen Vorstellung, ohne deren Erwähnung sein Name gar nicht genannt werden kann, bedeutet. Strindberg, der seit mehr als dreißig Jahren vor der breitesten Öffentlichkeit »am Weibe leidet« (um das bekannte Nietzsche-Wort »am Leben leiden« passend zu variieren), – als kritische Autorität für ein Buch des Weiberhasses!

Jawohl, er, Strindberg, hat die Tendenz des Buches und die auf sie bezüglichen Ausführungen ernst genommen! Aber Strindberg, der einst ein großer Dichter war, nimmt nun auch Legenden für konkrete Ereignisse, sieht Halluzinationen für Wirklichkeit an, glaubt sich überall von Gespenstern umgeben und hält sich selbst, seines ehemaligen Atheismus halber, für einen Höllenbraten, nach dem Satan selbst (in leibhaftiger Gestalt!) die Krallen ausstreckt und dem er nur entrinnen zu können glaubte durch bußfertige Rückkehr in den Schoß der – Kirche! Ist er also wirklich Autorität, und gar da, wo seine eigene schmerzensreiche Wahnidee in Frage kommt?!

Die Tiefe und Breite der ganzen Anlage des Buches, die Versenkung in alle Disziplinen der Wissenschaft erscheint wie eine tragische Versprengung der besten Kräfte, wenn man die greifbaren Resultate, – die Aussprüche, die dieses Hinabtauchen zum Urquell aller Weisheit zeitigte, vernimmt: »Das Denken des Weibes ist eine Art Schmecken«, oder: »selbst die Phantasie des Weibes ist Irrtum und Lüge, die des Mannes hingegen erst höhere Wahrheit«! Jeder Mann kann zum Genie werden, wenn auch mancher erst in seiner Todesstunde! (Es verliere also keiner die Hoffnung!) Ja, die Frau ist nicht einmal antimoralisch, denn das würde »ein Verhältnis zur« Moral voraussetzen, – sondern »sie ist nur amoralisch, g e m e i n«. Auch das Mitleid und die Schamhaftigkeit der Frau hänge nur mit ihrer Sexualität zusammen. »Im alten Weib ist nie ein Funken jener angeblichen Güte mehr.« Wirklich? Ich kenne alte Frauen, die wie Priesterinnen – so gut, so klug, so hehr – erscheinen! Man lese den Artikel »Die alte Frau«, der in Hedwig Dohms Buche »Die Mütter«[4] enthalten ist! Verstattet man aber der Frau nur jenen Interessen- und Pflichtenkreis, der mit ihrer Sexualität in Verbindung steht, dann freilich schwindet mit dieser ihr ganzer Inhalt! Ist es dann aber ihre »Anlage« oder ihre Erziehung, die Schuld trägt an dieser barbarischen Beengung?! – Der Verfasser scheint seine Anschauungen über »das Weib«, soferne sie sich nicht auf die Dirne beziehen, aus Kaffeekränzchen geholt zu haben: »Eine Frau konversiert oder schnattert, aber sie redet nicht.« Frauenversammlungen, Frauenvorträge und die Parteitage der über die ganze zivilisierte Welt verbreiteten Frauenvereine, die in ihrer Propaganda wohl nicht um einen Zoll weiter kämen, würden sie sich nicht strengster Sachlichkeit befleißen, geben beredtes Zeugnis für die Haltbarkeit dieses Ausspruches. Die Tauglichkeit der Frauen zur Krankenpflege – ein Beweis ihres Mitleids? Im Gegenteil. Der Mann allein hat Mitleid, denn »er könnte die Schmerzen der Kranken nicht mitansehen, .. Qualen und Tod nicht mitmachen«. Und der Arzt? Ist er eine Art verweiblichter Bestie, weil er die Schmerzen der Kranken mitansehen kann?

Auch »schamhaft« ist nur der Mann! Er wisse es! Als Beweis werden Behauptungen aufgestellt, die vielleicht auf Dirnen passen, die ich aber bei anständigen Frauen noch nie beobachtet habe .. Auch daß der einzelne Mann kein Interesse für die Nacktheit des anderen Mannes hat, ist falsch, besonders seit sportliche Betätigung bei allen gesunden jungen Leuten überhand genommen hat und sie schon deswegen Interesse an der körperlichen Bildung der andern haben. Dieses Interesse, respektive die Freude am eigenen Körper als Schamlosigkeit zu verdammen, ist eine Anschauung, die der fanatischen Mystik des Mittelalters entspricht, die nur den »Geist« anerkannte, ohne zu bedenken, daß derselbe in einem elenden Körper ebenfalls entarten muß.

W ist herzlos, nur M besitzt Gemüt. Beweis: »Nichts macht M so glücklich, als wenn ihn ein Mädchen liebt; selbst wenn sie ihn nicht von Anbeginn gefesselt hat, ist dann doch die Gefahr, Feuer zu fangen, für ihn sehr groß.« Rührend! Rührend! Daher die Millionen verlassener liebender Mädchen und Frauen! – Es gibt eine Fülle von »Symptomen echter Gemeinheit« an der Frau: z. B. der Neid der Mütter, wenn die Töchter anderer eher heiraten als die eigenen. Nicht die bange, entsetzliche Angst, daß die einzige Karte, auf die törichterweise die ganze Zukunft gesetzt wurde, verliert, spricht aus diesen Müttern – sondern »echte Gemeinheit«.

Ins Unendliche ließen sich diese Aussprüche einer kaum glaublichen Verblendung anführen. Aber es drängt uns, zur Hauptsache zu kommen, nämlich der famosen Einteilung der Frauen in M ü t t e r und D i r n e n. Beide Gattungen werden von Weininger gleich bewertet, ja die verächtlichere scheint nach seiner Darstellung noch die »Mutter«. Den Nachweis, daß jede Frau in eine seiner Kategorien gehört, macht er sich, wie alle seine auf r e a l e Tatsachen bezüglichen »Beweise«, recht leicht. Da er aber schon »die Bereitwilligkeit, sich flüchtig berühren oder streifen zu lassen«, – »Dirneninstinkte« nennt, ja, was ist dann um Himmelswillen der Mann, der meist noch ganz andere »Bereitwilligkeiten« hat?!

Was die Prostitution betrifft, so meint Weininger, eine solche Erscheinung müsse »in der Natur des menschlichen Weibes liegen«, ein solcher Hang müsse »in einem Weibe organisch, von Geburt an liegen!« Nun verläßt mich beinahe die Langmut ruhiger Kritik. Wie?! Nicht in dem unerbittlich abwärts treibenden Elend, in der Brotlosigkeit, in der erbärmlichen Entlohnung weiblicher Arbeit, der Stellenlosigkeit, der Ehelosigkeit, mit einem Wort: nicht in den Grundzügen unserer herrlichen, vom Manne für den Mann gemachten gesellschaftlichen »Ordnung« liegt die Ursache der Prostitution, sondern in der Vorliebe für diesen beglückenden Beruf?!

Muß nicht, im Gegenteil, in der Natur solcher M ä n n e r eine Vorliebe für die Prostitution liegen, die ohne Zwang, ohne damit nach Brot zu streben, sondern aus freier Wahl die Nächte ihrer besten Jahre mit geschlechtlichen Ausschweifungen verbringen?!

Mit kindlicher Einfalt wird gefragt, warum denn der verarmte M a n n nicht die Prostitution zum Broterwerb wähle! Warum??

Erstens: weil er mehr Stellen findet als das Weib.

Zweitens: weil er damit schlechte Geschäfte machen würde, da die Zahl der Weiber, die männliche Prostituierte auszuhalten das Bedürfnis haben, immerhin (trotzdem es ihrer gibt) eine geringe ist.

Drittens: weil er von »unehrlichen« Berufen für den des Schwindlers, Betrügers, Hochstaplers mehr Gelegenheit hat als das Weib.

Viertens endlich: weil er es physisch nicht leisten könnte.

Das ist brutal ausgedrückt, aber die empörende Fragestellung zwingt zu unzweideutiger Antwort!

Übrigens hat jede »alleinstehende« Dirne ihren Zuhälter, und der steht gewiß nicht höher als die Dirne selbst. Im Gegenteil: noch unendlich tief unter ihr!

Die Polemik wird aber geradezu – schändend, wenn behauptet wird, um den Dirneninstinkt, der zum Teil in j e d e m Weibe stecke, zu beweisen, »daß ein letzter Rest sexueller Wirkung von jedem S o h n auf seine Mutter ausgeht!«

Ein Ausspruch von geradezu scheußlicher Entartung!

Die »Mutter« stehe übrigens intellektuell sehr tief. Sie sei verächtlich, weil ihre Liebe wahllos und zudringlich ist, weil sie blinde Zärtlichkeit besitze für »alles, was je mit ihr durch eine Nabelschnur verbunden war«. »Bedeutende Menschen können deshalb stets nur Prostituierte lieben!« Merkwürdige und recht nette Eigenheiten haben diese »bedeutenden Menschen«. Natürlich »stützt« sich das alles wieder auf die blinde Verschanzung in die eigene lächerliche Einteilung. Daß es Menschen – weibliche Menschen – gibt, die außer »Mutter oder Dirne« noch Künstler oder Kaufleute, Sportgeschöpfe oder Botanikerinnen, Stickkünstlerinnen oder Mathematikerinnen und hunderterlei anderes ihrer innersten Veranlagung nach sind, weiß der Verfasser offenbar nicht.

Dafür berichtet er feine Unterschiede zwischen Dirne und Mutter; der Dirne liege nur am Manne, der Mutter am Kind. Falsch! Der Dirne liegt gewöhnlich gar nichts am Mann, sondern nur am Geld, und der Mutter liegt gewiß nicht nur am Kind, sondern auch am Vater des Kindes, soferne der nur ein rechter Vater ist.

In endloser, ermüdender Länge wird ein einmal aufgestellter »Satz« variiert, wiederholt, verknäult und wieder gelöst. Manch interessante Parallele blitzt dabei auf, zum Beispiel die, zwischen Eroberer und großer Dirne, die beide als Gottesgeißeln empfunden werden. Köstlich ist die Verwicklung in die eigenen gewundenen Fäden zum Beispiel dort, wo über die T r e u e gesprochen wird:

Ist nämlich die F r a u untreu, so ist sie es, weil sie überhaupt »kein der Zeitlichkeit entrücktes Ich hat«, daher »ganz gedankenlos« ist und ohne »Verständnis für die bindende Kraft eines Vertrages«.

Ist aber der M a n n untreu, so ist er es nur, weil er sein intelligibles Ich nicht hat zu Worte kommen lassen! (Und wo bleibt sein »Verständnis für die bindende Kraft eines

Vertrages«? Es schlief wohl gerade?)

Ist e r treu, so ist er es eben seines intellegiblen Wesens halber.

Ist s i e aber treu, so ist sie es aus »Hörigkeitsinstinkt« – »hündisch nachlaufend ... voll instinktiver, zäher Anhänglichkeit«!

Preisfrage: Wie soll sie also sein, treu oder untreu, um weniger verächtlich zu erscheinen?

Eine erstaunlich t i e f v e r w u r z e l t e Konfusion im Kopfe eines Dreiundzwanzigjährigen, ein wahres Phänomen von einem Rattenkönig! So selbstsicher wird oft das genaue Gegenteil von der Wahrheit vorgetragen, daß man erst durch die ins Auge springende Absurdheit zur Widerlegung veranlaßt wird. Der Mythos von Leda wird als Beweis angeführt, daß die Frau zur Sodomie mehr Neigung habe als der Mann! Was beweist aber der Mythos gegenüber der Wirklichkeit? Wer benützt heute noch – im Orient ist dies an der Tagesordnung – Ziegen, Stuten, Hennen zu geschlechtlichem Mißbrauch, – M a n n oder W e i b?!

Nach der Einleitung einer Beweiskette wird diese gewöhnlich mitten drin abgebrochen und unbewiesen wird der »Schluß« angehängt, während man die entscheidende Wendung noch erwartet. So wird zum Beispiel auseinandergesetzt, daß die Frau meist Scheu empfinde vor männlicher Nacktheit, und dies wird – man staune! – als Beweis betrachtet dafür, »daß die Frauen von der Liebe nicht die Schönheit wollen, sondern – etwas anderes!« Von der Liebe werden sie wohl die Liebe wollen, und »die« Schönheit in ihr zu finden hoffen. Die vorangehenden Ausführungen über männliche und weibliche Nacktheit sind von beinahe obszöner Brutalität und von einem fast wilden Hasse gegen alles Natürlich-Geschlechtliche erfüllt.

Schon die Debatte überhaupt, ob diese Vorgänge und ihre Organe »schön« oder »nicht schön« sind, verrät einen falschen Standpunkt, da es sich um Naturnotwendiges handelt, das schon durch seinen eminenten Zweck für eine solche Bewertung gar nicht geeignet ist. Es ist ihm ein »Rätsel«, warum gerade die Frau vom Mann geliebt wird! Warum gerade die Frau?? Ja, soll denn der Mann nur Hennen, Ziegen, Stuten oder Knaben lieben?! Und warum wird denn »gerade der Mann« von der Frau geliebt? Vermutlich weil es nur diese zwei Arten Menschen gibt. Weininger weiß übrigens für dieses »Rätsel«, warum die Frau geliebt wird, eine hochpoetische Erklärung: bei der Menschwerdung habe nämlich der Mann durch einen »metaphysischen Akt« (?) die S e e l e für sich allein behalten! Aus welchem Motive vermöge man freilich »noch nicht« abzusehen! (Wirklich nicht? Vielleicht läßt sich's durch Algebra herausbringen?) Dieses sein Unrecht büßt er nun in der Liebe, durch die er ihr »die geraubte Seele zurückzugeben sucht«! Er bittet ihr also seine Schuld durch die Leiden der Liebe ab! Aber halt! Wie ist's denn, wenn s i e i h n liebt? Was bittet s i e i h m durch die Leiden ihrer Liebe ab?

Will sie ihm auch eine »geraubte Seele« schenken? Aber richtig, sie hat ja keine!

**W**as das Weib n i c h t ist, n i c h t kann und n i c h t will, wurde bislang erörtert. Wozu es also überhaupt da ist, welchen Zweck es hat, wird nun auseinandergesetzt. Und nun folgt sorgfältig vorbereitet die herrliche Entdeckung, auf die der Verfasser nicht wenig stolz ist. Nicht etwa selbst den niedrigsten, den Gattungszweck spricht er der Frau zu, sondern sie ist nur um der »Kuppelei« willen da! Was er da vorbringt in endloser Wiederholung und Ausspinnung (das Buch könne schlechthin auch tausend Seiten haben anstatt fünfhundert) ist so verworren, verfilzt, mit Ekelhaftem und Unwahrem vollgestopft, daß man es kaum entwirren kann. Der Gedanke an die sexuelle Vereinigung irgend eines Paares sei der dominierende im weiblichen Dasein! Er versteigt sich zu folgender Behauptung, die ich hier w ö r t l i c h zitiere: »Die Erregung der Mutter am Hochzeitstage der Tochter ist keine andere als die der Leserin von Prévost oder von Sudermanns ›Katzensteg‹.« Keine andere?! In der Tat, ein tiefer Menschenkenner!

Das Weib sei überhaupt vollständig u n f r e i, denn es

stehe immer unter dem »Bedürfnis (!), vergewaltigt zu werden« (!), es sei ganz und gar im Banne männlicher Sexualität. (Es wird dort noch anders ausgedrückt.) Ist nicht, ohne einen Anwurf daraus machen zu wollen, gerade umgekehrt, eher der Mann weit abhängiger von der sexuellen Befriedigung und ihrer – in den meisten Fällen – sicher bedürftiger als das Weib, schon um des Detumeszenztriebes willen, den ja das Weib nicht hat?! Der simple Beweis dafür ist die Tatsache, daß kaum ein Mann, der nicht durch Krankhaftigkeit irgend welcher Art daran gehindert ist, stirbt, ohne je ein Weib besessen zu haben (war es nur e i n e s, so ist er auch schon ein Unikum), während tatsächlich tausende von Frauen virgines intactae bleiben, gänzlich geschlechtslos leben.

Es soll durchaus keine Tugend aus wahrscheinlicher Not gemacht werden, wir wissen ganz gut, daß sie nur selten aus freier Wahl, sondern meist aus wirtschaftlichen oder moralischen Bedenken Jungfrauen bleiben; wäre aber der Geschlechtstrieb in ihnen dominierend und sie ganz und gar Sexualgeschöpfe, so würden wohl auch sie Mittel und Wege finden, ihre Virginität los zu werden.

Aussprüche, die in ihrer Verrennung und Verblendung gerade das Verkehrte treffen, dürfen uns bei einem Manne nicht wundern, dessen Sucht, alle Erscheinungen in einmal aufgestellte, an Zahl und Charakteristik mehr als dürftige »Klassen« einzupferchen, sei es auch mit blinder Gewalt, sich zu den lächerlichsten Etikettierungen versteigt. Da das Weib n u r »Mutter« oder nur »Dirne« sein kann, wird das weibliche Geschlecht folgendermaßen »beschrieben«: Die D i r n e ist es, die die gute Tänzerin ist, nach Unterhaltung, Geselligkeit, nach dem Spaziergang (!! welch ein Dirneninstinkt) und dem Vergnügungslokal, nach Seebad und Kurort, Theater und Konzert verlangt, während die »Mutter« eine stets geschäftige, stets g e s c h m a c k l o s gekleidete Frau ist (wörtlich!), die sich auch daran erkenntlich macht, daß sie – Speisereste aufhebt. Eine recht erschöpfende Einteilung! Nun wollen wir mal etwas ähnliches aufstellen: Die Männer – sagen wir – bestehen aus »Vätern« und »Strizzis«. Die Väter sind geschmacklos gekleidet, lassen bei schlechten Schneidern arbeiten, rauchen die Pfeife etc. Die »Strizzis« gehen zum Ronacher, in Seebäder, Theater und in die Schwimmschule: Eine würdige Analogie!

Etwas »anderes« kann das Weib nicht sein; ja selbst »die Existenz eines verbrecherischen Weibes kann nicht zugegeben werden: die Frauen stehen nicht so hoch!« Ist sie große Verbrecherin, so ist sie eben »vermännlicht« – gerade so wie der Zuhälter, Kuppler etc. »eigentlich kein Mann« sei, sondern zu den »sexuellen Zwischenstufen« gehöre.

Ich greife mir an den Kopf: Ausführungen, die mit solchen Mitteln arbeiten, die fast durchwegs aus Konstruktionen solcher Art ihre Beweise und Argumentationen zusammensetzen, wurden genial genannt! Der König hat neue Kleider! Er hat prachtvolle Kleider! Alles schreit, er hat sie, denn die Parole ist ausgegeben, er muß sie nun haben, trotzdem seine Blößen sichtbar sind: ein Märchen mit tiefem Sinn, das sich bei uns öfters abspielt, als man glauben sollte.

**G**bt es Verkehrtheiten und Verlästerungen in dem Buche, die eines humoristischen Beigeschmackes nicht entbehren, so daß man sie mitunter recht heiter finden kann, so gibt es hingegen auch Ausführungen darin, wo aller Humor schweigt, wo einem eine starre Entrüstung das Blut stocken macht. Ein wilder Haß gegen alles Natürliche, eine bösartige Verdächtigung und Verfolgung jeder sinnlichen Daseinsfreude, eine auf Kosten alles Körperlich-Fröhlichen entartete Geistigkeit, die den Leib und seine Pflege verachtet, eine schier bankerotte Phantasie, die sich in Verleumdung und Verleugnung alles Irdisch-Sinnlichen ergeht und sich gleichzeitig im Übersinnlichen zu den willkürlichsten Hypothesen versteigt, zeitigen ihre Blüten in den Anschauungen, die sie verkünden: So hätte zum Beispiel für den höherstehenden Mann das Mädchen, das er begehren, und das Mädchen, das er »lieben, aber nie begehren könnte« (?) eine ganz verschiedene Gestalt! Ein schmachvoller Dualismus, will mir scheinen! Ferner: Es gibt ü b e r h a u p t  n u r platonische Liebe! »Was sonst noch Liebe genannt wird, gehört in das Reich der Säue!«

Nur wer nie ein Weib in Liebe gewonnen, sondern es nur unter den Schauern der Prostitution besessen hat, wer überhaupt nie ein Weib gekannt hat, sondern nur sein Zerrbild, – die Dirne, – nur wer sich eines krankhaften Defektes noch mit Überhebung brüstet, konnte diesen Ausspruch tun – und die anderen ähnlichen Aussprüche und fulminanten Offenbarungen über »das« Weib! Nur der kann auch behaupten, daß der Mann, sofort nachdem er das Weib b e s e s s e n hat, es v e r a c h t e t, – der es in Wahrheit nie besessen hat!

In einer Fußnote wird ganz unumwunden erklärt, daß es keinen bedeutenden Menschen geben könne, der in – der geschlechtlichen Vereinigung (es wird dort kürzer und brutaler ausgedrückt) – »mehr sähe als einen tierischen, schweinischen, ekelhaften Akt, oder gar das tiefste, heiligste Mysterium«.

Alle bedeutenden Menschen – so wird weiter gefolgert – müßten daher sicherlich ihre Sexualität durch die (sogenannten) geschlechtlichen Perversionen befriedigen, da sie unbedingt am gewöhnlichen geschlechtlichen Akte »vorbei wollen«!!!

Gewiß wäre es unrichtig, in diesem Akte »an sich« etwas Heilig-Mystisches zu sehen, da er unter Umständen gewiß eine Erniedrigung bedeuten kann; immerhin aber ist es doch etwas, was jeden gesunden, lebensmutigen, menschlicher Empfindungen fähigen Menschen mit Entrüstung und schier verächtlichem Mitleid erfüllen muß, den natürlichsten Lebensvorgang verunglimpft und gebrandmarkt, die Flamme, von der die ganze Welt glüht, als höllisches Feuer verdächtigt zu sehen!

Als Kriterium des bedeutenden Menschen abnorme Sexualtriebe fordern und Verachtung, »Vorbeiwollen« am normalen Liebesakt voraussetzen, heißt einen Goethe z. B. mit jämmerlichen Füßen treten, und ein solcher Ausspruch eines Menschen macht alle seine andern befremdlichen Aussprüche – begreiflich!

Während die Frau durch den Gedanken an die Vereinigung irgend eines Paares angeblich in »fieberhafte Erregung« gerate, gewinne ein solcher Gedanke über einen Mann keine Gewalt, er stehe »außer und über einem solchen Erlebnis!« Wirklich?! Die Welt wird einfach auf den Kopf gestellt. In Wahrheit bedarf es gar nicht erst einer deutlichen Vorstellung jener Vereinigung, um bei M Erregung hervorzurufen, bekanntlich genügt dazu schon das Rauschen eines seidenen Kleides.

»Als der Mann sexuell ward, da schuf er das Weib.« Aus diesem tiefen Grunde ist »das Weib die Schuld des Mannes«; die Kuppelei sei da, »weil alle Schuld von selbst sich zu vermehren trachtet«. Überall sieht er Zweck und Absicht, Schuld und Grund: überall ein »damit«, nirgends ein »daher« – außer ein solches, hinter dem wieder eine »Bestimmung« steht. Alle seine Argumentationen bezeichnet er kurz und bündig als »unwiderleglich«, alle Gegenmeinung als »völlig unannehmbar«, jeden, der widerspricht, als »frechen Schwätzer«. Basta!

Wohin eine krankhafte Sucht, Willen und Zweck hinter alle Erscheinungen zu verpflanzen, führen kann, möge ein Satz wie der folgende illustrieren: »Wir erschrecken vor dem Gedanken an den Tod, wehren uns gegen ihn, klammern uns an das irdische Dasein und beweisen dadurch (!), daß wir geboren zu werden w ü n s c h t e n als wir geboren wurden, indem wir noch immer in dieser Welt geboren zu werden verlangen.« (!!!) Ein spekulatives Z u r ü c k g r e i f e n, das mit den abenteuerlich phantastischen Schlüssen mittelalterlicher Scholastik viel Ähnlichkeit besitzt, tiefe Verstrickheit in buddhistische Vorstellungen und die vollständige Umneblung eines ursprünglich kritischen Geistes durch religiös-mystischen Wahn, erhellt aus solchen Aussprüchen. Gewisse Experimente der Wissenschaft, z. B. die Geschlechtsbildung, erklären zu wollen, bezeichnet er, aus derselben mystisch-theosophischen Befangenheit, als »ein unkeusches Anpacken mysteriöser Vorgänge«. Ein kurioser Standpunkt in der »Wissenschaft«! Die »unkeuscheste« Wissenschaft ist demnach die Chemie, der sich »daher« auch so viele Juden zuwenden. Mit den Juden verfährt er genau so wie mit den Weibern. Er sagt von ihnen die scheußlichsten, niedrigsten

Qualitäten aus. Stimmt es aber nicht, dann war es eben kein »echter« Jude. Dem Juden räumt er auch die Möglichkeit ein, sich vollständig über das Jüdische zu erheben, während er der Frau die Möglichkeit dieser Erhebung ins Reinmenschliche abspricht; da er selbst Jude war, schien diese vorsichtige Klausel geboten. Daß nicht nur »das Jüdische«, sondern auch jedes andere »nur Nationale« abstoßend ist, weil es immer eine enge Begrenzung des Menschlichen bedeutet, bleibt natürlich ungesagt. Das Kapitel über das Judentum enthält übrigens viel des Geistreichen und Tiefen – soweit es analytisch vorgeht, – und überschnappt sofort ins Groteske, sowie die eigenen »Folgerungen« einsetzen.

Dieselben Merkmale weisen viele der früheren Kapitel auf, und aus diesem Grunde werden auch solche Leser, die mit dem Autor sympathisieren, den Eindruck haben, daß die einzelnen Kapitel immer groß angelegt und vielversprechend erscheinen, Tiefen und Höhen verheißend einsetzen, um dann abzufallen und zu enttäuschen; dort nämlich, wo die eigenmächtige Synthese beginnt, das eigene »Aufbauen« nach der oft sehr scharfsinnigen Analyse: da wird alles merkwürdig flach und oberflächlich und vor allem unrichtig, blind neben den wirklichen Tatsachen vorbeisausend, auf ein »gedachtes«, vorherkonstruiertes, popanzartiges »Ziel«. Immer wieder verschlingt sich oft Gesagtes ineinander, bis wieder neue Glieder zappelnd daraus hervorschießen, um sich wieder zu verschlingen und zu verknäueln.

Überall sieht er »Ideen«, »Prinzipe«, wurzelhafte Anlagen, wo es sich meist um historisch Er-Wachsenes handelt; überall ist die Blindheit für das geschichtliche und wirtschaftliche Element, welches formenbildend und artenändernd wirksam ist, ersichtlich, die große Rolle, die ihm bei allen Vorgängen und Erscheinungen zufällt, wird geleugnet und alles auf eine Art metaphysischer Bestimmung zurückgeführt.

Die Behauptung, »der echte Jude wie das echte Weib leben beide nur in der Gattung, nicht als Individualitäten«, wird durch das Wörtchen »echt«, mit dem sie sich vorsichtig verklausuliert, als das empfunden, was gewöhnlich als »jüdische Dreherei« bezeichnet wird, besonders, da schon auf der nächsten Seite die Bemerkung folgt, »es gibt einen absoluten Juden so wenig als einen absoluten Christen« (und ein »absolutes« Weib). »Nur seichteste Oberflächlichkeit« könne glauben, »daß der Mensch durch seine Umgebung gebildet werde«. Nur seichteste Oberflächlichkeit kann l e u g n e n, daß der Mensch durch seine Umgebung zumindest beeinflußt wird, und daß diese Beeinflussung oftmals zu Bildungen, Neubildungen, Herausbildungen führt! Wer dies leugnet, l e u g n e t a l l e E n t w i c k l u n g s m ö g l i c h k e i t. Warum gibt es denn eben keinen »absoluten« Juden oder Christen, keinen »echten« Mann oder kein »echtes« Weib? Weil eben äußere Eindrücke beständig erziehlich wirksam sind. Aus eben diesem Grunde konnte auch der Jude kein »Monadologe« werden (wie ihm Weininger vorhält), so lange er im Ghetto lebte; darum ward er – was richtig ist – ein »Grenzverwischer«, darum seine »Gemeinsamkeit«, sein »Zusammenhalten« auch in der Familie: es erklärt sich all dies historisch dadurch, daß gleichgestellte Existenzen, die unter Ausnahmsgesetzen in fremdem Land leben, auf engen Anschluß untereinander angewiesen sind. Warum das jüdische Volk keine Aristokratie besitzt, daher keinen grenzenfixierenden Sinn beweist?! Erstlich besaß es sie, so lange es im eigenen Lande als freies Volk lebte. Zweitens kann man nicht mehr von einem »Volk« reden, wenn es sich um Angehörige einer Nation handelt, die durch Zersprengung über die ganze Welt längst aufgehört haben, ein »Volk« zu sein. Endlich erscheint mir der Mangel an Kastengeist nur günstig und wertvoll und »Grenzverwischung« in diesem Sinne nur ersprießlich.

Von gänzlicher, schier unbegreiflicher Verblendung zeugt aber der Vorwurf, daß der Jude »gleich dem Weibe« (die Analogien werden krampfhaft herbeigeholt) im Fremden »keinen Halt« hat, in ihm »keine Wurzeln schlägt«. Symbolisch erscheine daher »sein Mangel an irgend welcher Bodenständigkeit in seinem so tiefen Unverständnis für allen Grundbesitz und seiner Vorliebe für das mobile Kapital«.

Herr des Himmels! Soll man sich vielleicht ankaufen auf einem beständig zitternden, unterwühlten, bedrohten Boden?! Ist es gar so »symbolisch«, daß die Juden, die in riesigen Scharen aus Rußland oder Rumänien hinausgetrieben, die in Kischenew abgeschlachtet und geplündert wurden, in solchem Boden keine »Wurzeln schlugen«, und daß auch die Juden anderer Länder ihre ewig unterwühlte Situation erfassen und lieber nach mobilem, in Bewegung zu setzendem Kapital trachten, als nach »Bodenständigkeit«?!

Die großen Persönlichkeiten des Judentums werden natürlich vom Verfasser als solche angezweifelt. Als »fast jeder Größe entbehrend« bezeichnet er Heine – Heine, der der Menschheit einen so beseligenden Schatz hinterlassen hat, einen schier unerschöpflichen Brunnen, in den hineinzutauchen immer wieder Mut, Trost, Befreiung und Erhebung gewährt – nicht etwa durch seinen Witz und Sarkasmus, sondern durch seine nie wieder erreichte, tiefinnige, tief vergeistigte Lyrik. Als ebenso »überschätzt« betrachtet wird auch Spinoza. Diese Wertung – besser Entwertung – zu beurteilen, habe ich zu wenig Wissen. Doch auch da scheint mir ein terroristisches Aufpflanzen von dem, was gerade er, Weininger, Größe nennt, als willkürliches Kriterium zu dominieren. Daß man auf hundertfache Art groß und genial sein kann, auch wenn man nicht genau in der Richtung, die abzustecken ihm gerade beliebt, sich bewegt, scheint er nicht in Betracht zu ziehen. Er hält Spinoza vor, daß ihm alles weniger »Problem« denn »mathematische Methode« war, die alles s e l b s t v e r s t ä n d l i c h erscheinen lasse. Es scheint aber nichts weniger als ein Nachteil einer Methode, wenn sie dies vermag; umgekehrt jedoch kann einen nachgerade ein Grausen erfassen, wenn das Einfachste und Selbstverständlichste in so viele Formeln verstrickt wird, bis es wirr und kompliziert erscheint, so daß die umständliche »Lösung« dieses »Problems« sich dann als »Tat« gebärdet, auch wenn sie sich mit dem Resultate deckt, das man mühelos auf den ersten Blick gewinnt. Menschen aber, denen selbst das Einfachste erst begreiflich wird, wenn sie sich durch ein Gewirr von Umwegen dazu durchgewunden haben, die in j e d e m Fall durch ein Gestrüpp von Philosophie durch müssen, die sogar imstande sind, auch dann noch an der offen zutage liegenden Wahrheit vorbeizutappen, bloß weil sie irgend ein Irrlichterchen der Spekulation weglockt, beweisen einen Mangel g e s u n d e r I n s t i n k t e, sind daher zum U r t e i l »an sich« sozusagen physiologisch unfähig. Den Gesamteindruck einer Erscheinung w a h r n e h m e n kann nur, wer über seine physiologischen Sinneswerkzeuge vollzählig verfügt: da darf auch der Instinkt nicht fehlen, denn er ist das, was man als das Geruchsorgan der Seele bezeichnen könnte.

Von den Juden kommt der Verfasser wieder zu den Weibern. Es drängt ihn offenbar, sich noch einmal zusammenfassend über sie zu äußern: So wenig wie der Jude, ist das Weib eine »Monade«. Aber wie alles und jedes in der Welt, repräsentiert auch »es« eine »Idee«: »W repräsentiert die Idee des N i c h t s.« Er kommt nun zum köstlichsten aller Resultate: »Da« die Frau amoralisch und alogisch ist, alles Seiende aber ein moralisches und logisches Sein ist, so – i s t s i e ü b e r h a u p t n i c h t Ganz abgesehen von dem witzigen Resultat: man beachte nur die wirre Verkehrung der einzelnen logischen Glieder! Anstatt zu folgern: alle Logik und Moral muß sich im Sein, im Wesenhaften dokumentieren, heißt es in monströser Verkehrung: In allem Sein ist Moral und Logik. Da die Frau aber nach seiner Aussage keine hat, muß natürlich »herauskommen«, daß sie überhaupt »nicht ist«. Wahrscheinlich ist sie also nur eine Art Spuk, ein Massenaberglauben!

Überraschend wie alle seine Resümierungen sind auch seine letzten. Trotz allem, was er von der Frau ausgesagt hat, verlangt er für sie die »gleichen Rechte« wie für den Mann. Er tritt für ihre Emanzipation ein, nur muß sie vollkommene Entgeschlechtlichung bedeuten!! Auch den letzten Schluß, der sich aus dieser Forderung ergibt, zieht er in Betracht, nämlich den Aussterbe-Etat, auf den logischerweise die Menschheit geraten müßte: Die Ausrottung der menschlichen Gattung scheint ihm aber sogar ein erstrebenswertes Ziel! »Alle Fécondité ist ekelhaft.« Dieser Satz charakterisiert eine das Leben hassende Natur, die notwendigerweise nur Vernichtungstendenzen produzieren kann. Bedarf der Ausdruck dieser Endtendenzen überhaupt einer Antwort, so wäre es die, daß nicht einzusehen ist, warum wir bedacht sein sollten, diesen Planeten zu räumen – für irgend ein zweifelhaftes anderes Geschlecht, das sich dann auf ihm zum Leben entwickeln könnte ...

Übrigens weiß auch er die »Rechte«, die er angeblich für die Frau verlangt, »weise« zu beschränken. Von der Gesetzgebung, von der Leitung eines Gemeinwesens sei

»vorderhand« die Frau fernzuhalten gleich – »Kindern, Schwachsinnigen und Verbrechern«. Denn – »Recht und Unrecht der Frau kann ganz genau ermittelt werden, ohne daß die Frauen selbst mitbeschließen«.

Dieser Satz ist – es läßt sich anders nicht bezeichnen – eine Schamlosigkeit. (Trotzdem in diesem Buch so viel von »Schamhaftigkeit« die Rede ist.) W i e schön »Recht und Unrecht« für die Frau »ermittelt« wurde, muß selbst Blinden und Tauben klar werden aus einer Gesetzgebung, die das Weib in seiner katastrophalsten, hilflosesten Lage recht-, schutz- und hilflos läßt. Von all dem andern, was zu ihrer Beschränkung und Einengung für sie »ermittelt« wurde, will ich jetzt ganz absehen, nur das Krasseste soll berührt werden, die Tatsache, daß die arbeitsunfähige Schwangere, die sich also, falls sie subsistenzlos ist, im Zustand absolutester H i l f l o s i g k e i t befindet, keine Ansprüche an den Vater des Kindes hat, er sei, wer er sei, er habe, was er habe; die Tatsache, daß sie auch für die Kosten der Entbindung keinen rechtlichen Anspruch weder an den Vater noch an die Gesellschaft besitzt, daß sie – die Gebärende!! – keinen Anspruch auf Unterschlupf und Pflege für sich und das Kind hat (im Findelhaus finden nur die wenigsten Aufnahme und unter Umständen, denen ein abschreckendes Odium anhaftet), und daß sie erst nach der schwersten Stunde Alimente für das Kind beanspruchen kann, die aber niemals ausreichen, die Kosten seiner Erhaltung auch nur annähernd zu decken. So schön kann Recht und Unrecht für die Frauen ermittelt werden, »ohne daß sie selbst mitbeschließen«.

Zum Schlusse schlägt in dem Buche Weiningers ein beinahe irrsinniger Ton durch: es wird nämlich festgestellt, »daß dieses Buch die größte Ehre ist, welche den Frauen je erwiesen wurde«. Aber können uns die tollsten Sprünge wundern in einem Buche, das noch auf derselben Seite den einzigen wahrhaftigen, richtigen Ausspruch tut, der allein dem ganzen Buch ins Gesicht schlägt, der allein genügt, um es zu richten und zu werten, da es ihn als eine (verspätete) Vorschrift für andere gibt, während es ihn selbst mit Füßen trat, nämlich den Ausspruch:

»Man hat die Frau als Einzelwesen und nach der Idee der Freiheit, nicht als Gattungswesen (!), nicht nach einem aus der Empirie (?!) oder aus den Liebesbedürfnissen des Mannes hergeleiteten Maßstabe zu beurteilen.«

Und so richten diese letzten spärlichen Worte die eigene Tat und das eigene Werk.

e Berechtigung des Weiberhasses und der Weiberverachtung erkennt man aus den Argumenten, auf denen sie steht und mit denen sie fällt.

Aus jenen Weiningers, die sich offensichtlich als Verkehrung, Verleugnung oder Verblendung gegenüber den Tatsachen darstellen, erhellt am schärfsten, daß sie immer identisch sein müssen und nur identisch sein können mit Vernichtungstendenzen, die das Leben zielsicher ausstoßt. Vom Wahne geboren, gleichen sie spukhaften Gespenster-Erscheinungen, die nur für den existieren, dessen fieberndes Hirn sie beschwor, und die trotz der

Hartnäckigkeit seiner Halluzination auch nicht um einen Schatten wirklicher werden.

Es gibt eine Tatsächlichkeit, eine harte Wirklichkeit der Dinge (immer in dem relativen Bereich unserer Sinnesorgane natürlich), die von hypothetischen Konklusionen, die mit ihr selbst durch keine wirkliche Beziehung verbunden sind, nicht im geringsten verändert oder gar umgestoßen werden kann. Eine Methode, die sich darin ergeht, in der Luft hängende metaphysische, höchst subjektive Voraussetzungen solange mit einander zu multiplizieren, auf jede Art zu verkreuzen und zu verschlingen, bis ein vorgewolltes Resultat herauskommt, in welches dann das wirkliche Leben hineingepreßt wird, mag es nun mit dem »Luft-Schluß« übereinstimmen oder nicht, enthält nicht die Möglichkeit, beachtenswerte Resultate zutage zu fördern. Das hieße, dem wildesten geistigen Abenteurer- und Don Quixotetum Tür und Tor öffnen, hieße jenen grotesken Versuchen und »Berechnungen« wissenschaftliche Existenzberechtigung geben, mit denen die Scholastiker zum Beispiele »ausrechneten«, wie viele Engel auf einer Nadelspitze tanzen können, hieße von neuem den absurden Terrorismus der Spekulation aufpflanzen, der mehrmals in der Geschichte der Philosophie dieselbe zum Gegenstand des Widerwillens und der Lächerlichkeit für alle gesunden Geister machte, aus welcher Entwertung sie sich in der neueren Zeit erst durch Kant und Schopenhauer wieder erhob – um unter deren Nachfolgern wieder in Mißkredit zu sinken – bis sie von Herbert Spencer auf den festen Boden der Tatsachen gestellt und dadurch aus der Sphäre leerer Gaukeleien in die einer unanzweifelbaren Disziplin verpflanzt wurde.

Daß ein Mensch wie Weininger, begabt mit feinster Sensitivität und Reaktionsfähigkeit, stumpf und blind sein konnte gegen die einfachste Logik der Tatsachen, erklärt sich vielleicht aus der Gefahr, die gerade diese Fähigkeit des innerlichen Erlebens für solche Geister birgt, denen das harte, reinigende, alles Falsche ab- und ausstoßende Element der gesunden Instinkte, die Grundbedingung der Urteilsfähigkeit, fehlt, so daß sie den Eindruck hervorrufen, als fräße ein Wurm an ihrem besten Mark, als müßten sie mit schier physischer Notwendigkeit, sowie sie die Hand ausstrecken, unbedingt – unter dem Zwange ihrer A r t – immer das Falsche, das Dunkle, die Verwesung ergreifen. Charakteristisch für ihn, dem scheinbar »alles« zum Problem wird, ist die Tatsache, daß ihm in Wahrheit nur das Gedankliche, nur das Begriffliche zum Probleme ward, während er an die großen Tatsachenprobleme, deren Lösung für die Menschheit Wohl oder Wehe, hinauf oder hinunter, Zermalmung oder Erhebung, unsäglichen Jammer oder unendliche Glücksmöglichkeit bedeuten, nicht einmal mit einer Ahnung anstreift. So hat er in seinem Werk lange Betrachtungen, die oft weitab von seinem Thema lagen und die er sich nach der Art übervoller junger Menschen scheinbar vom Herzen schreiben wollte, angehäuft: über Zeit, Wert, Genie, Unsterblichkeit, Gedächtnis, Logik, Ethik, Philosophie, Psychologie etc. Dagegen kommt er nicht ein einziges Mal zum Beispiel auf das Problem des K r i e g e s zu sprechen, auch das Problem des Sozialismus streift er nur flüchtig und oberflächlich, trotzdem beide seinem Thema naheliegen. Fast denkt man ein wenig an Ibsens Professor Begriffenfeld (Peer Gynt), der nur zum Metaphysikum in Beziehungen steht, für den nichts anderes eine »Frage« ist.

Gerade die Innerlichkeit, mit der er alles, was überhaupt für ihn zum Problem wird, erlebt, birgt für ihn, den ungesunden Geist, die Gefahr, daß sie ihn zu den subjektivsten Schlüssen verleitet, die nur durch und für seinen Wunsch und Willen vorhanden sind und die wie nächtliche Visionen vor dem Lichte des Tages – der objektiven Wirklichkeit – zergehen. In der Deutung der platonischen Ideen, die in den Dingen liegen, ist für ihn die Gefahr enthalten, Dinge in Beziehung zu einander zu bringen, die sie in Wahrheit nicht haben, Beziehungen, die jedes einzelne Individuum anders verknüpfen würde, ins Gegenteil umkehren könnte, und die daher zum Verluste jedes gemeinsamen Bodens führen, zur Einbuße aller Wahrscheinlichkeit. Was wir schlechthin Wirklichkeit nennen, ist ja natürlich nicht das wahre Wesen der Dinge, aber es ist zumindest die durch die gleiche Beschaffenheit der Sinnesorgane konstruierte allgemeine Wahrnehmbarkeit, die einen Boden der Verständigung bietet und als a l l g e m e i n g ü l t i g e r   E r s a t z der ewig unerforschlichen »wahren« Wesenheit des Seins einzig annehmbar.

Wohin das Hineintragen subjektivster Vorstellungen, das willkürliche Herstellen von Beziehungen, die gewalttätige Einpressung in selbstgeschaffene Kategorien, die Deduktion alles Bestehenden in vorgegossene Formen den verirrten Weininger schließlich führten, geht nicht nur aus seiner Behandlung der Probleme »Weib« oder »Juden« hervor, sondern auch aus der in seinem Nachlaßwerk enthaltenen »Tierpsychologie«. Da wird der Hund »erkannt« als die Idee des Verbrechers, das Pferd als die des Irrsinns, Floh und Wanze als »Symbole für etwas, wovon Gott sich abgekehrt hat« u. s. f. Aus denselben »inneren Gründen« betrachtet er jede Krankheit als »Schuld« und findet die Auffassung, welche die Kranken und Aussätzigen fragen läßt, »was sie v e r b r o c h e n hätten, daß Gott sie züchtige«, sehr tief. Die absonderliche    »Zurück-Dreh-Tendenz«    all    seiner Auffassungen offenbart sich in der Annahme, der Mord sei eine »Selbstrechtfertigung« des Verbrechers, »er sucht sich durch ihn zu beweisen, daß nichts ist«!!

Mit einer schier organischen Verkehrtheit legt er allen Erscheinungen die verdrehtesten Ursachen unter und muß

ihnen daher auch natürlich die entgegengesetztesten
Absichten zuschreiben und die konfusesten Folgerungen
aus ihnen ziehen: »Man liebt seine physischen Eltern; darin
liegt wohl ein Hinweis darauf, daß man sie erwählt
hat.«!!! Oder: »Die Fixsterne ›bedeuten‹ (?) den Engel im
Menschen. Darum orientiert sich der Mensch nach ihnen;
und darum! besitzen die Frauen keinen Sinn für den
gestirnten Himmel: weil ihnen der Sinn für den
Engel im Mann abgeht«!!!

Diese Proben aus Weiningers Nachlaßwerk werden
manchen vielleicht als nicht unter den Titel dieser Schrift
gehörig erscheinen. Dennoch sind sie es, da sie
unzweideutigen Aufschluß geben über die Stellung, die eine
urteilende Intelligenz, welche sich in der Art Weiningers
zum Problem der »Frau und ihrer Frage« verhalten hat,
charakteristischerweise anderen Problemen gegenüber
einnimmt. Die Annahme liegt daher nicht fern, daß bei
allem, was Weiningers große Intelligenz und geistige
Elastizität erfaßte und berührte, die Sensitivität des
Epileptikers das Verzerrende war, diese Sensitivität, die alles
aus den natürlichen Dimensionen heraustreibt, die die
Umrisse aller Dinge entstellt und verkehrt, bis ihr alles in
Nacht, Wirrnis und wütender Ekstase versinkt. Sein
Biograph teilt uns mit, daß Weininger Epileptiker und
gleichzeitig ein mit Verbrecheranlagen belasteter Mensch
war.[5] Da aber die Sehnsucht nach dem Guten und
Sittlichen ohne Zweifel in ihm überwiegend war, erklärt
sich auch seine innige Verherrlichung der Kantschen Ethik,
die er hoch über die selbstverständliche Sittlichkeit der
schönen Seele stellt. Wenn aber auch jene Sittlichkeit die
gegen ihre triebhaften, bösen Anlagen den Kampf führt,
eben dieses Kampfes halber vielleicht die ergreifendere ist, so
ändert das doch nichts an der Tatsache, daß die von der Welt
wie eine strahlende Gabe empfundene Individuation der

selbstverständlichen Sittlichkeit die g o tt ä h n l i c h e r e ist und daher als die vollkommenere empfunden wird.

Ein krankhafter Geist kann und wird niemals die Meinung der Welt revolutionieren. Bedeutungslos bleibt daher seine manische Verfolgung irgend eines Gegenstandes einer seiner – gewöhnlich physischen – »Aversionen«.

Weiningers Werk, das mit ungeheuerer Mühe ein großes, begriffliches Material nach einer vorgezeichneten Tendenz zusammenschmiedete, um seine abnorme, lebensfeindliche Aversion als normal und einzig sittlich darzustellen, ist mit allen Merkzeichen manischer Verblendung an den Tatsachen vorübergesaust, und seine Argumente zerschellten beim ersten Zusammenstoß mit der Wirklichkeit. So hat es denn mit der »Frau und ihrer Frage« in Wahrheit nichts zu schaffen.

as diese Frage selbst betrifft, so ist eine Erörterung derselben unter dem Gesichtspunkt, ob die Frauen »höher« oder »tiefer« stehen als die Männer, von vorneherein verfehlt. Darum habe ich mich nirgends für die weibliche Genialität ins Zeug gelegt, habe auch nicht berühmte weibliche Namen aufmarschieren lassen, denn darauf kommt es wahrhaftig beim heutigen Stande dieser Frage gar nicht an. Erstlich könnte ein Vergleich der positiven Fähigkeiten nur in einer Epoche vollständiger sozialer Gleichberechtigung der beiden Geschlechter ein vernünftiges, unverfälschtes Resultat ergeben, zweitens lautet die zwingende Parole heute nicht nur, die Frau will leisten, sondern sie muß leisten: gebieterisch verweisen sie die wirtschaftlichen Verhältnisse auf eine eigene Berufswahl, da die »Versorgung durch die Ehe«, durch den immer schwierigeren Existenzkampf, den heute auch der Mann infolge des immer mächtiger werdenden Großkapitals und der immer unheimlicher anwachsenden Belastung der Staatseinkünfte durch den Militarismus zu führen hat, mehr als illusorisch geworden ist. Ein Mädchen für diese einzige Chance zu erziehen und es mit Blumengießen, Staubabwischen und Klavierklimpern seine besten und tüchtigsten Jahre verlieren lassen, hieße heute ein verbrecherisches Spiel mit menschlichen Kräften und menschlichen Schicksalen treiben. Überdies müßte ein auf solch einziger Chance sich aufbauendes Schicksal auf alle Fälle ein entehrendes werden, durch die absolute Wahllosigkeit, mit der dann danach gegriffen werden müßte.

Die Frau muß also für die Möglichkeit einer Berufswahl vorbereitet und erzogen werden. Selbstverständlich muß daher auch ihr Bemühen erscheinen, diese Möglichkeit auf die weitesten Gebiete auszudehnen, sie aus engherzigen Beschränkungen frei zu machen und auf größere und befriedigendere Wirkungskreise zu übertragen. Ist sie dazu »weniger begabt«, so lasse man das nur ihre Sorge sein. Sie wird dann eben mehr Mühe aufwenden müssen, um den vorgeschriebenen Bedingungen zu entsprechen. Praktisch hat sich indes eine solche mindere Begabung der Frau noch nirgends dokumentiert, es ist nirgends beobachtet worden, daß eine Frau von einem neu erschlossenen Posten hätte entlassen werden müssen, weil sie den üblichen

Anforderungen nicht entsprach. Es ist auch wahrscheinlich, daß man sich nicht gegen alle Anlage und Fähigkeit zu irgend etwas drängt, sondern immer das der eigenen Natur Passende zu erringen trachtet.

»Minderbegabt« und durchaus ungeeignet scheint mir die Frau nur für einen einzigen Beruf, und das ist gerade der, zu dem man ihr seit altersher unbeschränkten »freien Zutritt« gelassen hat: der Beruf der schweren Taglöhner- und Fabriksarbeit.

Von der Hungergeißel hineingetrieben, büßt die Unselige mit schweren Schädigungen an ihrem Geschlechte und an ihrer Nachkommenschaft, Schädigungen, die die R a s s e treffen, – die Schuld des Kapitalismus, der dem Arbeiter für Einsetzung seiner ganzen Kraft nicht soviel Einkommen gewährt, daß er Weib und Kind erhalten kann. Und während dieses Weib selbst hinaus muß in einen unnatürlichen Frondienst, bleibt das Heim unversorgt, die Kinder ohne Aufsicht und Pflege, denn soviel, um eine helfende Hand zu bezahlen, kann auch die Arbeit beider nicht erschwingen: darum ihr Herren, wendet euch mit eurem Ruf: »Die Frau gehört ins Haus«, vor allem an die Proletarierin, die tatsächlich hineingehört, da es ohne sie verfällt, wendet euch mit diesem Ruf an das Unternehmertum, damit es ihr diese Möglichkeit gewähre!

Was die bürgerlichen Berufe, um deren uneingeschränkte Zulassung heute gekämpft werden muß, selbst betrifft, so glaube man ja nicht, daß ich die Berufstätigkeit der Frau als ein Glück betrachte. Glück und Befriedigung gewährt wohl nur künstlerische oder wissenschaftliche Betätigung – die sogenannten freien Berufe – im Gegensatz zu den sicheren Brotberufen. (Die Verfasserin dieser Zeilen gehört selbst zu den Menschen, die nur mit großer Überwindung auch nur zwei Tage hintereinander ganz das gleiche tun können.) An dem grauen, trostlosen Einerlei der meisten Brotberufe leiden aber auch die Männer. Daß die Frauen um Zulaß zu diesen Berufen kämpfen, beweist am besten, daß nicht Abenteurerlust, sondern zwingende soziale Gründe sie aus dem »Hause« heraustreiben. Aus innerer Vorliebe strebt man wahrhaftig nicht ins Amt oder ins Bureau: aber wenn man die Wahl hat, zu verhungern oder sich bei Verwandten herumzudrücken, oder aber sich zu prostituieren – mit oder ohne Ehe – so geht man eben doch noch lieber ins Bureau; ja, selbst dann schon, wenn man ganz ohne jede ernste Beschäftigung in tödlicher Langeweile und Inhaltslosigkeit und in beständiger Abhängigkeit »im Hause« herumstreift.

Führt man als störendes Hindernis weiblicher Berufstätigkeit die Geschlechtsfunktionen, vor allem die Mutterschaft an, – denn selbstverständlich muß die Erwerbsmöglichkeit auch für die verheiratete Frau beansprucht werden, – so ist gegen diesen Einwurf einzuwenden, daß die s c h u l d i g e   R ü c k s i c h t, die man der berufstätigen Frau zur Zeit, da sie der Schonung bedarf, g a n z   g e w i ß   z u   e r w e i s e n   h a t (nicht, daß sie ihrer überhaupt nicht bedürfte, wie viele Feministinnen meinen), einfach als eine soziale Pflicht zum Wohle der Rasse zu betrachten ist, deren Erfüllung aber nicht mehr Zeit beansprucht als etwa das Militärjahr des Mannes, welches doch noch nie als Grund für die Unfähigkeit, einen Beruf auszuüben, angeführt wurde.

In der Tat, selbst wenn wir annehmen, daß die Mutterwerdung der Frau zwei Monate Urlaub beansprucht, einen vor, einen nach der Entbindung, mehr bedarf es bei vernünftiger Lebensweise ganz gewiß nicht, so müßte die sehr stattliche Ziffer sechsmaligen Kindersegens angenommen werden, um dem Militärjahr gleichzukommen. Was endlich die verflixten drei Tage im Monat betrifft, so verursachen sie vielen Frauen überhaupt kein wesentliches Unbehagen und bedürften daher kaum besonderer Berücksichtigung; angenommen aber selbst, es würde einer derartigen Indisposition Rechnung getragen, so könnte und dürfte dies einen wohlgeordneten Betrieb so wenig aus dem Geleise bringen, als etwa die Waffenübungen, die gleich auf Wochen hinaus den jungen Mann abberufen.

Der dritte Grund, warum eine Wertung von vorneherein auf falschem Boden steht, die davon ausgeht, ob der Mann oder das Weib »geistig höherstehend« oder für diesen oder jenen Beruf »begabter« sei, liegt in der einfachen Tatsache, daß solche Vergleiche, die gewiß von Individuum zu Individuum jedesmal andere Resultate ergeben, überhaupt nicht geeignet sind, den W e r t einer Persönlichkeit oder gar einer Gattung zu bestimmen. Ob eine Frau als Bahninspektor, Zahnärztin, Agentin, Telephonistin, Mathematikerin oder Malerin tüchtiger oder untüchtiger ist als ein männlicher Kollege, ist höchst gleichgültig für ihren W e r t. Es kann höchstens ihren (eng an ihre Person geknüpften) Wert als Malerin, Zahnärztin etc. bestimmen und wird sie allein die Konsequenzen ihrer eventuellen Untüchtigkeit wirtschaftlich zu tragen haben, kommt aber bei der Bewertung des ganzen Geschlechtes gegenüber dem anderen Geschlechte überhaupt nicht in Frage. Es gibt Frauen genug, die überhaupt keinen Beruf ausüben, die vielleicht gar keine besonderen Talente haben, und die durch ihr bloßes Dasein ihre ganze Umgebung erheben und beglücken. (S e i n und W e s e n entstammen nicht umsonst sprachlich derselben Wurzel.) Kein Geschlecht kann »wertvoller«, keines »minderwertiger« sein als das andere, denn schon durch ihre unersetzliche unentbehrliche Funktion der gegenseitigen Ergänzung sind beide Geschlechter für einander gleichwertig.

Eine vergleichende Wertung gibt es nur von Mensch zu

Mensch, von Fall zu Fall, aber nicht zwischen den Typen Mann und Weib.

Die S c h n e c k e, die hermaphroditisch ist, repräsentiert schon als einzelnes, ungepaartes Individuum den Typus S c h n e c k e. Aber erst Mann und Weib zusammen ergeben den Genus »Mensch«. Männerhaß oder Weiberverachtung sind abnorme Erscheinungen, die ihre Hinfälligkeit im eigensten Wesen tragen. Der Haß eines Geschlechtes gegen das andere und seine Herabsetzung und Herabwertung war immer das Zeichen des Verfalls, der Entartung, der Verwesung – des einzelnen, wenn vom einzelnen geübt, ganzer Völker, wenn in Massen um sich greifend. Die sexuellen Perversitäten, die diese Erscheinungen in unmittelbarem Gefolge hatten, waren stets der Ruin noch so gesunder Kräfte; Griechen und Römer waren im Stadium des Verfalls und Niederganges, da die Knabenliebe bei ihnen Überhand nahm, und der Orient, der das Weib am tiefsten drückt, ist auch politisch ein lendenlahmer »kranker Mann«.

Hinter uns aber stehen nicht die ersatzbereiten Kräfte unverbrauchter Völkerstämme, wie die Germanen hinter dem zugrunde gehenden Altertum. An Spannkraft und Nerven werden von einem auf die Spitze getriebenen Daseinskampf so hohe Anforderungen gestellt, daß es Wahnsinn wäre, die Glücksmöglichkeiten, die in herzlichen, achtungsvollen Beziehungen zwischen den beiden Geschlechtern liegen, auch noch gewaltsam zu verwüsten. Es bedarf keiner »Vermännlichung« des Weibes, um es zu erheben, wohl aber wird eine stete, unaufhaltsame V e r m e n s c h l i c h u n g des Mannes und des Weibes beide einander nur inniger zuführen, ihre Beziehungen vertiefen und adeln und durch natürliche Züchtung eines immer vollendeteren Typus die Gesamtheit heben und der Vervollkommnung näher bringen.

www.ingramcontent.com/pod-product-compliance
Lightning Source LLC
Chambersburg PA
CBHW020252290326
41930CB00039B/1044